QUELQUES CONSIDÉRATIONS

ADRESSÉES

AU CONSEIL GÉNÉRAL DE MAINE ET LOIRE,

SUR

L'ORGANISATION DES ÉTABLISSEMENTS D'ALIÉNÉS,

ET PARTICULIÈREMENT SUR

L'ASILE DÉPARTEMENTAL,

PROJETÉ A SAINTE-GEMMES,

PAR LE DOCTEUR A. GUÉRIN DU GRANDLAUNAY,

Médecin de l'hôpital de Baugé, et de l'établissement privé consacré au traitement de l'aliénation mentale, membre de la Société de médecine d'Angers, ancien élève des hôpitaux de Paris, ex-chirurgien interne de l'hospice des aliénés de Bicêtre

ANGERS,

IMPRIMERIE DE COSNIER ET LACHÈSE.

1842.

QUELQUES CONSIDÉRATIONS

ADRESSÉES

AU CONSEIL GÉNÉRAL DE MAINE ET LOIRE,

SUR L'ASILE DÉPARTEMENTAL,

PROJETÉ A SAINTE-GEMMES.

QUELQUES CONSIDÉRATIONS

ADRESSÉES

AU CONSEIL GÉNÉRAL DE MAINE ET LOIRE,

SUR

L'ORGANISATION DES ÉTABLISSEMENTS D'ALIÉNÉS,

ET PARTICULIÈREMENT

SUR L'ASILE DÉPARTEMENTAL,

PROJETÉ A SAINTE-GEMMES;

PAR LE DOCTEUR A. GUÉRIN DU GRANDLAUNAY,

MÉDECIN DE L'HOPITAL DE BAUGÉ, ET DE L'ÉTABLISSEMENT PRIVÉ CONSACRÉ AU TRAITEMENT DE L'ALIÉNATION MENTALE, MEMBRE DE LA SOCIÉTÉ DE MÉDECINE D'ANGERS, ANCIEN ÉLÈVE DES HOPITAUX DE PARIS, EX-CHIRURGIEN INTERNE DE L'HOSPICE DES ALIÉNÉS DE BICÊTRE.

Angers.

IMPRIMERIE DE COSNIER ET LACHÈSE.

1842.

A Messieurs

LES MEMBRES DU CONSEIL GÉNÉRAL.

⸺⸺◆◆◆⸺⸺

Messieurs,

A l'époque où de nouveau vous allez vous occuper des aliénés du département, permettez-moi de vous faire connaître mon opinion sur l'organisation des établissements consacrés au traitement de l'aliénation, et particulièrement sur le château de Sainte-Gemmes, transformé en asile d'aliénés.

Du reste, mon travail ne sera en quelque sorte que de l'extension donnée au rapport de M. Ferrus dans votre séance du 29 août 1841, ensuite, le résultat d'une longue expérience médicale, et d'études spéciales sur les maladies mentales : études auxquelles je me suis livré depuis quinze ans par une véritable vocation, et non par intérêt.

Les services que j'ai pu rendre comme médecin d'aliénés ont été la plus flatteuse récompense des peines que je me suis données, et des difficultés que j'ai eu à surmonter.

DES ÉTABLISSEMENTS D'ALIÉNÉS EN GÉNÉRAL.

Longtemps le sort des aliénés fut abandonné à l'ignorance, et le traitement qu'on leur faisait subir en fait foi : ce n'était qu'au moyen des chaînes, qu'au moyen des coups, de la réclusion, que l'on prétendait guérir ces infortunés et maîtriser leur fureur.

Ce genre de traitement était le seul mis en usage non seulement en France, mais encore dans les autres pays, même dans les établissements autrefois si vantés de l'Angleterre (1).

Cependant, il faut le dire pour l'honneur de l'humanité, un médecin de l'antiquité, Cœlius-Aurélianus, ne partageait pas l'opinion de ses contemporains. Il proscrit les moyens coërcitifs. Le traitement moral est par lui mis en pratique. Il donne à cet égard les plus sages conseils. La construction des établissements, le régime des malades, rien n'est oublié.

Après lui, la médecine des aliénés retombe dans l'ignorance et la barbarie.

Il a fallu l'espace de 1500 ans pour la faire briller de nouveau. En 1792, Pinel est nommé médecin de

____

(1) Il y a quelques années, un aliéné était encore enchaîné dans la maison des fous de Bedlam ; M. Esquirol en donne la gravure dans son ouvrage.

l'hôpital de Bicêtre, et doué au suprême degré du génie de l'observation, il reprend le mode de traitement établi par Cœlius-Aurélianus. Il abolit l'usage des chaînes. Bicêtre, sous sa direction, prend une nouvelle vie, une nouvelle forme, et de nombreux aliénés ayant recouvré la raison, sont rendus à la société et à leur famille.

Cependant Pinel ne pouvait tout faire, mais il avait donné l'impulsion et d'autres progrès étaient réservés à ses successeurs.

En 1812 et 1813, époque à laquelle j'étais élève à Bicêtre, cet hospice laissait encore beaucoup à désirer, et présentement Bicêtre est un des beaux établissements de l'Europe, grâce aux soins des médecins distingués qui ont succédé à Pinel, tels que : Pariset, Ferrus, Leuret, etc., et à la sollicitude d'une excellente administration.

Le génie de Pinel devait faire ressentir son influence non seulement en France, mais encore dans tous les pays civilisés. De magnifiques établissements ont été construits, et partout, en général, la doctrine de Pinel sert de base au traitement des aliénés.

Toutefois, l'opinion des médecins qui se sont occupés spécialement de l'aliénation, n'a pas été unanime sur la construction et sur la distribution des maisons d'aliénés.

En France, Pinel, Spurzheim, Esquirol surtout, à qui la médecine mentale a de si grandes obligations; à l'étranger, le docteur Jacobi de Seigburg (royaume de Prusse), le docteur Ellis (Angleterre), etc., ont donné des plans d'hôpitaux d'aliénés.

Ces projets d'organisation, de construction, ont

tous leurs avantages et leurs inconvénients : parmi ces derniers, un des plus grands est suivant moi le grandiose de la plupart de ces plans, et l'énorme dépense que leur exécution entraînerait. Sans doute il faut qu'un asile destiné à recevoir des aliénés soit construit en rapport avec les besoins et l'intérêt des individus qui y sont admis; mais est-il bien nécessaire de les loger en quelque sorte dans des palais édifiés à si grands frais, qu'ils deviennent ruineux pour les départements, qui, en exécution de la loi du 30 juin 1838, doivent pourvoir à la sûreté de leurs aliénés? Une habitation simple, commode, appropriée au genre de maladie, et située dans un lieu salubre; des cours, des promenades, des champs et des endroits de travail, voilà ce qui est convenable et juste.

Maintenant à quel genre de construction devra-t-on donner la préférence? est-il plus avantageux de construire seulement des rez-de-chaussée comme le conseille M. Esquirol, et même Spurzheim? Les bâtiments devront-ils avoir plusieurs étages, d'après l'avis de M. Ferrus, d'Ellis? etc.

Quelques mots sur ces importantes questions, très importantes, puisque de la bonne distribution d'un établissement d'aliénés, dépend en grande partie le succès du traitement.

Assurément si de nombreux inconvénients n'étaient pas attachés aux maisons d'aliénés bâties en rez-de-chaussée, cette disposition serait préférable. Le service, la sûreté des aliénés, y trouveraient de grands avantages; mais, comme l'observe M. Ferrus, les frais de construction seraient énormes. Il faudrait une grande étendue de terrain; de plus, sous le point de vue hygiénique, les couches inférieures de l'air sont moins saines que les supérieures (1).

Il est donc préférable, sous bien des rapports, d'adopter le système des maisons à étages; mais il faut y mettre des restrictions. Ainsi les aliénés furieux, idiots, malpropres, épileptiques, doivent être logés dans des bâtiments construits en rez-de-chaussée. On concevra facilement que si les aliénés agités étaient placés dans les étages supérieurs, ils incommoderaient par leur bruit, leur malpropreté, les malades qui seraient au-dessous d'eux. Le maintien de l'ordre, la propreté des dortoirs ou des cellules, serait bien plus difficile à obtenir. Enfin tout le service en général serait plus compliqué. Si au contraire les aliénés agités étaient placés au rez-de-chaussée, et les paisibles au-dessus d'eux, le repos de ces derniers en serait troublé. Et comme les aliénés malpropres, bruyants ou furieux font mal aux mélancoliques, aux pacifiques, le classement des fous est de toute nécessité.

Dans les établissements les aliénés tranquilles sont les plus nombreux. Pour eux doivent être réservés les dortoirs, les étages, la vie commune et tous ses avantages. Lorsqu'un aliéné furieux devient calme, on s'empresse de l'éloigner de ses camarades agités, et on le fait passer dans la division des pacifiques. C'est pour lui une récompense qu'on ne manque pas de faire valoir.

J'ai dit que de la bonne distribution d'un établissement d'aliénés dépendait le succès du traitement, et je

(1) Cette dernière observation serait de peu de valeur à Sainte-Gemmes situé dans un lieu élevé.

n'ai parlé encore que de la séparation des fous en deux grandes divisions, savoir : les furieux et les tranquilles. Mais on doit penser que là ne peut se borner le classement des aliénés. Ceux qui sont incurables, idiots, épileptiques, doivent avoir des cours distinctes. Une infirmerie est indispensable pour les individus qui seraient attaqués d'une maladie indépendante de leur aliénation. Du reste, la classification des aliénés doit être confiée au médecin (1). C'est à lui de séparer les fous bruyants, les malpropres, etc., et de tâcher d'égayer les mélancoliques par la société de ceux qui sont de bonne humeur. Le travail étant indispensable pour la guérison des aliénés, le médecin dirigera leurs occupations suivant leur caractère, et autant que possible leur position sociale dans le monde. Il serait préjudiciable d'obliger un malade à faire un ouvrage qui blesserait son amour-propre ou ses habitudes en santé. Si la vie commune est en général celle qui convient le mieux aux aliénés, il en est pour qui l'isolement est plus utile. D'ailleurs il y a des maniaques tellement indomptables, tellement dangereux, qu'il devient de toute né-

(1) A l'établissement de Nantes les aliénés sont divisés en sept sections occupant sept corps de bâtiments ou pavillons bien séparés les uns des autres. Dans chaque section il y a un dortoir, un réfectoire, un préau. Dans plusieurs sections il y a des salles de bain. Par suite on a le projet d'en organiser dans toutes les sections. Enfin l'asile sera pourvu de tout ce qui est nécessaire aux besoins des aliénés.

La maison de Saint-Jacques, tout inachevée qu'elle est présentement, forme déjà un des plus beaux établissements de France. Le docteur Bouchet, médecin en chef, jouissant de la confiance bien méritée de son administration, a établi dans le service un ordre vraiment admirable. Homme habile autant que zélé, l'établissement de Nantes lui doit et lui devra toujours sa prospérité.

cessité de les renfermer, du moins temporairement.
Mon opinion est qu'il est indispensable d'avoir, pour
un certain nombre d'aliénés, des cellules ou chambres
de sûreté (1).

Maintenant ces cellules sont construites de telle manière, qu'elles ressemblent aux chambres des maisons
particulières, et nullement à ces hideux cabanons qui
existaient autrefois à Bicêtre et dans les autres hospices
d'aliénés. A Bicêtre, les cabanons ont été remplacés
par de jolies cellules.

Les chambres de sûreté seront aussi avantageuses
comme moyen de répression, et pour prévenir les évasions chez quelques aliénés, qu'il est parfois si difficile
de garder. Mon opinion est encore que s'il est nécessaire
d'accorder aux aliénés une sage liberté, et d'éviter autant que possible qu'ils s'aperçoivent de leur position
dans les établissements, il faut cependant savoir mettre
des limites à cette liberté; enfin il y aurait abus en
traitant tous les fous comme des gens raisonnables.

Ici se terminent mes réflexions sur les établissements
d'aliénés en général. J'aurais pu les étendre davantage,
mais outre que ce que j'aurais à dire se trouve dans

(1) Je préfère la dénomination de cellules, ou chambres de sûreté, à
celle de loges et de cabanons comme expressions plus relevées. Or, pour
les aliénés, le choix des expressions n'est pas indifférent; et dans ma maison de santé il est défendu aux gens de service de prononcer les mots de
fous, de folie. Je me suis seul réservé le droit de les employer au besoin
dans le but de produire une impression morale. Pour moi un fou est malade de la tête comme il peut l'être de la poitrine ou du bas ventre, et par
conséquent susceptible de guérison lorsqu'il n'y a pas de lésion organique
du cerveau. Je cherche à inculquer ces idées aux aliénés eux-mêmes. Il y
a longtemps qu'on a dit avec raison que les fous étaient de grands enfants,
et qu'il fallait les gouverner comme tels.

presque tous les ouvrages écrits sur les maladies mentales, je dépasserais les bornes d'une simple notice.

D'ailleurs, en parlant du château de Sainte-Gemmes et de sa convenance comme établissement destiné à former un dépôt d'aliénés, j'aurai l'occasion de donner des détails sur le gouvernement intérieur de la maison.

DU CHATEAU DE Ste-GEMMES, — DE SES DÉPENDANCES — ET DE SA CONVENANCE COMME ÉTABLISSEMENT D'ALIÉNÉS.

En donnant des plans d'établissement d'aliénés, les médecins qui ont écrit sur ce sujet ne se sont occupés que des constructions neuves, et nullement d'anciens bâtiments primitivement employés à d'autres usages, et que l'on pouvait approprier à recevoir des aliénés.

Sans doute qu'un plan est plus facile à tracer, plus facile à exécuter, lorsque l'architecte n'est pas gêné par des constructions premières. Quoi qu'il en soit, on peut utilement tirer parti de ce qui a été fait, et je citerai à cet égard Bicêtre, Charenton (1), qui ont été convertis en asiles d'aliénés. Le château de Sainte-Gemmes pourra en fournir un nouvel exemple.

On recommande de placer les établissements d'aliénés à quelque distance des villes; Sainte-Gemmes se trouve au plus à six kilomètres d'Angers. Son heureuse situation sur les bords de la Loire, la facilité avec laquelle on peut distribuer sans beaucoup de frais les bâ-

---

(1) En 1641 Charenton était une simple maison pour les pauvres malades du pays. Le nombre était fixé à quatorze. Ce ne fut que vers la fin du XVIIe siècle qu'on admit avec les pauvres quelques aliénés. A cette époque il n'y avait pas encore pour eux d'établissements spéciaux. Bicêtre était un ancien château.

timents déjà existants (1), l'étendue de son parc , déjà enclos de murs, enfin le besoin urgent que l'on a de créer promptement, dans le département de Maine et Loire, un asile pour les aliénés , justifient pleinement l'acquisition de cette propriété.

Il y aura deux grandes séparations à faire à Sainte-Gemmes, savoir :

Le château et ses dépendances.

Le château doit être réservé pour y mettre des pensionnaires et les principaux employés de l'établissement. Les dépendances, moins les jardins, seront destinées pour les aliénés indigents. Dans l'intérêt de ces derniers, et pour diminuer les charges que le département aura à supporter pour l'entretien de l'asile, un pensionnat offrira de grandes ressources.

C'est une erreur de croire que les parents des aliénés préféreront les placer dans les établissements privés. Outre que les pensions particulières sont extrêmement chères, et le plus souvent au-dessus des facultés pécuniaires des familles, les établissements privés seront toujours fort rares, en raison des frais énormes qu'exige leur création, si toutefois on veut avoir une maison tant soit peu importante. Je pense donc qu'un pensionnat disposé à côté de l'asile pour les indigents peut compter sur une grande prospérité; et M. Ferrus a eu raison de dire que les classes riches qui auront des aliénés s'empresseront de les placer dans le pensionnat, s'il offre des garanties suffisantes (2). Pour

---

(1) Voir le plan du château de Sainte-Gemmes.

(2) Jusqu'à présent si on a placé les aliénés riches dans les établissements privés, c'est que les établissements publics manquaient, et qu'ils n'étaient pas disposés convenablement pour des pensionnaires; mais aujourd'hui

arriver à ce but, il faut que le local ressemble à une maison de plaisance, afin que les pensionnaires, qui pour la plupart ont reçu de l'éducation et sont accoutumés aux aisances de la vie, ne s'aperçoivent pas en quelque sorte de leur changement de position. Ainsi que l'observe le médecin de l'asile d'Hanwel (Angleterre), le docteur Ellis, il faut aux personnes des rangs élevés de la société, une habitation commode et décorée avec une élégance qui flatte le goût; ensuite des jardins, de vastes promenades, etc.

Tous ces avantages pourront se trouver réunis à Sainte-Gemmes : les distributions du château sont des plus faciles à faire et peu dispendieuses; les jardins sont aisés à séparer pour les deux sexes; tout, pour ainsi dire, est préparé pour recevoir de suite des aliénés payants, hommes et femmes. Voici, du reste, les principales divisions que je proposerais pour le château :

Une fois séparé en deux parties, afin de placer les

que dans presque tous les départements on construit des asiles publics avec des pensionnats bien conditionnés, quelles sont donc les familles qui, obligées de placer au loin leurs malades, se ruinent encore pour ainsi dire, en les faisant traiter dans des pensions de 3,000, 4,000, 5,000 francs et plus.

Quelles sont donc, je le répète, les familles qui ne donneront pas la préférence à des pensions beaucoup moins chères, beaucoup plus à leur proximité, lorsqu'elles seront convaincues que leurs aliénés recevront les mêmes soins que dans les maisons particulières ?

Déjà les établissements privés ont perdu de leurs avantages depuis que des asiles publics avec pensionnat ont été formés, à Niort, au Mans, à Nantes, etc., et, moi-même, dans ma maison de santé où je ne puis recevoir que quelques aliénés, et dont le *maximum* de la pension est seulement de 2,000 fr., je m'aperçois de l'influence des établissements publics sur les maisons particulières, et cependant j'abaisse autant que possible le prix en raison des fortunes.

hommes et les femmes, dans chaque quartier il sera nécessaire de disposer des appartements particuliers, des dortoirs, et au rez-de-chaussée, quelques cellules pour les aliénés agités et dangereux. Il est indispensable que le pensionnat ait à part son infirmerie, sa cuisine, son réfectoire, ses gens de service ; de plus, un salon de compagnie, une salle de billard, etc. (1).

Malgré ces accessoires, qui se rencontrent dans tous les établissements payants, j'estime que le château de Sainte Gemmes pourra contenir quarante pensionnaires de première et de seconde classe, savoir : vingt hommes et vingt femmes.

En parlant des ressources pécuniaires que peut offrir l'établissement, je m'occuperai du prix des diverses classes de pension.

Ainsi que le château, les dépendances sont très-faciles à distribuer pour y loger les aliénés indigents. Je crois, comme M. Ferrus, que trois ou quatre cents aliénés des deux sexes peuvent être placés dans les servitudes du château presque sans constructions nouvelles ; les bâtiments de la gauche, y compris l'orangerie, seraient destinés aux femmes ; le voisinage de la Loire aura pour elles beaucoup plus d'avantages que d'inconvénients.

Le beau panorama qu'elles auront devant les yeux

____

(1) A l'asile de Nantes il n'y a qu'un salon de compagnie pour les deux sexes. Les dames et les hommes y sont admis alternativement. C'est aussi le seul salon de réception du médecin. Il ne peut en profiter bien entendu qu'en l'absence des malades ; pas besoin de signaler des désavantages de cette triple destination. Du reste, dans ce salon, parfaitement meublé, se trouve un piano, un billard et une bibliothèque à l'usage des pensionnaires.

ne laissera pas que de leur procurer de douces distractions; de plus, les femmes ayant moins de tendance aux évasions, d'ailleurs plus difficiles pour elles, il n'y aura pas besoin d'élever beaucoup les murs de clôture (1). Je répète ici les paroles de M. Ferrus, dont je partage l'opinion : Je ne pense pas, dit ce médecin, que la vue de la Loire et celle des bateaux qui la parcourent puisse être une chose fâcheuse pour les aliénés; cette vue sera récréative et rien de plus. D'ailleurs il y aura toujours assez de parties de la maison dans lesquelles la vue sera plus ou moins bornée (2).

Quant aux idées de suicide que pourrait donner le voisinage du fleuve, outre que le suicide est bien plus rare chez les femmes que chez les hommes, la vue de l'eau n'excitera pas plus un fou à se détruire que la vue d'une corde ou d'un couteau, instruments avec lesquels il peut aussi s'ôter la vie. Du reste, on doit prendre toutes les précautions pour éviter les accidents, et c'est là l'affaire des surveillants et des domestiques. Par exemple on pourrait observer que le bruit des vagues en hiver, la vue de l'eau comme corps brillant, sont dans le cas d'incommoder certains malades. Le médecin, lorsqu'il s'en apercevra, avisera au moyen de changer le logement de l'aliéné.

Le quartier des hommes étant à droite, celui des femmes à gauche, il faudra dans chacun des quartiers des divisions particulières pour les différents genres de

---

(1) Dans les établissements d'aliénés les angles des murs et des bâtiments doivent être arrondis et non pas rectangulaires. On a vu des aliénés grimper au haut des murs à l'endroit où ils formaient des angles droits.

(2) Rapport au conseil général. — Août 1841.

folie. On établira des dortoirs, des chambres de sûreté (1), des salles de bains; j'observerai que pour les aliénés tranquilles, les baignoires pourront être dans des salles communes, et toujours le moins éloignées possible de l'habitation des malades. Mais, pour les aliénés agités et qui auront besoin de douches, il sera nécessaire que les chambres où seront les appareils soient isolées; les cris des aliénés furieux effraieraient ceux qui sont calmes.

La cuisine devra être située de manière à ce qu'aucun aliéné ne puisse y entrer sans autorisation. Il faudra aussi trouver le moyen de faire arriver l'eau dans l'établissement (2), et de chauffer les logements des aliénés.

(1) Maintenant que l'on a adopté le pavage en bois dans quelques rues de la capitale, je pense que l'on pourrait s'en servir pour les cellules de sûreté et pour les rez-de-chaussée. Ce moyen serait préférable aux dalles en pierre trop froides pour les pieds des malades, et aux planches que les aliénés arrachent trop facilement.

(2) Dans beaucoup d'asiles d'aliénés on se sert pour le transport de l'eau de la machine à vapeur. Ce moyen est sans doute fort convenable, mais, outre que la construction d'une machine à vapeur est d'un assez grand prix, je ne sais s'il ne serait pas préférable, afin d'occuper les aliénés, surtout les idiots, d'avoir recours à un manége à bras ou à l'emploi du tréad-mill.

Le tréad-mill, ou moulin à marcher, est une espèce de roue dans laquelle marchent des individus pour la mettre en mouvement. Cet appareil est d'un fréquent usage dans les prisons d'Angleterre. On l'emploie aussi en France dans des filatures, des corderies, etc.

Malgré que l'emploi des tréad-mill ait été regardé par quelques-uns comme contraire à la santé, et traité par M. Barbé-Marbois *d'exercice horrible* pour ceux que l'on occupait à ce genre de travail; M. Parent du Châtelet, qui a une grande autorité en fait de philanthropie médicale, ne partage nullement cette opinion. Il regarde le tréad-mill comme très-avantageux et cite à cet égard de nombreux exemples et son expérience. Ce que l'on peut ajouter encore, en faveur des manéges dans les asiles

Tout ce qui intéresse la propreté et la salubrité de l'établissement est trop important pour que l'on néglige de parler des lieux d'aisances. Ils devront être construits et placés de façon à ce qu'ils ne puissent incommoder les malades par leur mauvaise odeur, et la malpropreté presque inévitable, quelques précautions que l'on prenne. Esquirol conseille d'isoler les latrines des bâtiments; d'autres procédés ont été mis en usage : il s'agira de suivre celui qui aura le moins d'inconvénients.

Comme un établissement agricole sera de toute nécessité pour occuper les aliénés, il faudra bien construire une ferme dans le parc, et la monter de tout ce qui conviendra pour son exploitation.

L'utilité d'une chapelle dans l'établissement étant incontestable, je crois que l'on pourrait disposer à cet effet, du moins provisoirement, d'une portion du château située du côté du fleuve. Cette chapelle n'a pas besoin d'être très grande ni décorée avec trop de somptuosité; il faut qu'elle soit, au contraire, simple et divisée de manière à séparer les hommes des femmes (1).

d'aliénés, c'est qu'on a voulu remplacer celui du grand puits de Bicêtre par une machine à vapeur, et que l'on a renoncé à ce projet pour conserver du travail aux nombreux habitants de ce vaste établissement.

(Extrait de l'ouvrage de M. Parent du Châtelet sur la prostitution dans la ville de Paris.)

(1) La religion, si consolatrice en général pour les hommes tombés dans l'infortune, ne doit pas être négligée pour les aliénés; mais elle doit avoir ses limites. Il serait aussi imprudent d'exciter aux pratiques sévères d'une piété mal comprise un aliéné déjà affecté de manie religieuse, que d'obliger un autre peu croyant ou attaché à un culte étranger, à remplir rigoureusement les devoirs du chrétien. Un aumônier prudent et instruit

L'endroit où devra être placé le cimetière sera peut-être l'objet d'une discussion. Choisira-t-on l'enceinte de l'établissement pour les sépultures, ou bien auront-elles lieu dans le cimetière de la commune ? L'un et l'autre choix a ses inconvénients.

1° Celui de multiplier le nombre des morts dans le cimetière de la commune ;

2° D'effrayer les aliénés s'il était dans l'enceinte du parc.

Cependant si le cimetière de la commune était éloigné du bourg, je crois qu'on devrait le préférer.

Pour compléter le récit de ce qui reste à faire à Sainte-Gemmes, il faudrait entrer dans une foule de détails qui donneraient trop d'extension à cet écrit. Qu'il me suffise pour le moment de dire que le médecin doit avoir assez d'ascendant sur ses malades pour les obliger à travailler, et assez de tact pour leur choisir les occupations qui leur conviennent (1).

Du reste, si j'avais l'honneur d'être consulté lorsque l'on s'occupera d'approprier Sainte-Gemmes à sa nou-

comprendra la mission qui lui sera confiée, s'entendra avec le médecin, et tous les deux pourront de concert contribuer à la guérison des malades. J'en prends l'occasion de rendre justice à un honorable ecclésiastique de Baugé, qui a bien voulu se charger de donner des conseils à des aliénés de ma maison, et qui sous plus d'un rapport m'a été d'une grande utilité.

(1) Il serait avantageux que le médecin de Sainte-Gemmes connût bien la topographie du pays et les mœurs de ses habitants, afin de savoir quelle est la cause du nombre vraiment extraordinaire d'aliénés qui existent dans le département de Maine et Loire. Une bonne statistique des aliénés du département serait un travail beau et utile. Un pareil travail a été fait dans la Loire-Inférieure par le docteur Bouchet, et lui a mérité une mention honorable et une médaille d'or.

velle destination, je ferais connaître tout ce que mon expérience et mes études sur les établissements d'aliénés ont pu m'apprendre.

Le médecin peut beaucoup aider l'architecte, car, comme le remarque Spurzheim : « ce ne sont pas des beautés architectoniques, des colonnes magnifiques, des coupoles majestueuses, etc., qui sont nécessaires dans une maison principalement consacrée au traitement des fous indigents. » Les bâtiments doivent être aussi simples que possible, et disposés de manière que tous les services puissent se faire avec facilité. Peut-être néglige-t-on trop de prendre l'avis du médecin lorsqu'il s'agit de construire des établissements de bienfaisance, tels que les hôpitaux et les hospices. La connaissance que les médecins doivent avoir des besoins des malades et des infirmes, pourrait être mise à profit par les architectes.

PERSONNEL DE L'ÉTABLISSEMENT.

Une maison d'aliénés est, pour le médecin chargé de sa direction, un instrument de guérison ; mais cet instrument est très compliqué. Le moindre dérangement dans ses rouages l'empêche de fonctionner.

Le château de Sainte-Gemmes étant disposé pour recevoir les aliénés pensionnaires, ses dépendances, distribuées pour recevoir les indigents, il faudra s'occuper du personnel de la maison, d'un règlement qu'aucun employé ne pourra enfreindre, quelle que soit sa position.

Le personnel est tout ce qu'il y a de plus important dans un établissement d'aliénés.

Un médecin, des surveillants, des surveillantes, un économe, un aumônier, des domestiques, une commission administrative, tels sont les agents qui doivent faire marcher et assurer le succès d'un asile consacré aux maladies mentales.

Mais que de soins à apporter dans le choix des employés! depuis le médecin qui, suivant l'observation d'Esquirol, est en quelque sorte le principe de vie d'une maison d'aliénés, jusqu'au dernier serviteur soumis aux ordres de tout le monde!.....

Comment trouver un si grand nombre d'individus assez pénétrés de leurs devoirs, assez courageux pour se persuader qu'ils sont obligés, en entrant dans l'établissement, de faire abnégation d'eux-mêmes, et exposer au besoin jusqu'à leur existence? Cependant il faut qu'il en soit ainsi, car on ne peut trop le répéter, la moindre infraction aux règlements compromet tout le service, et brise l'unité, si indispensable dans une maison d'aliénés. Il faut que tous les employés sachent que le médecin est le chef de l'établissement; on doit même chercher à persuader les malades que tout marche par ses ordres, qu'on lui doit une obéissance entière.

L'autorité, dans une maison bien tenue, ne peut être partagée; un gouvernement absolu est tout-à-fait nécessaire; c'est pourquoi il est utile que le médecin remplisse les fonctions de directeur, qui d'ailleurs sont réellement inséparables des siennes. Il serait impossible de fixer les limites des attributions d'un directeur et d'un médecin; elles rentrent nécessairement les unes dans les autres, à moins que le médecin ne fût chargé que du traitement physique des malades, et le directeur du traitement moral, celui qui sans contredit a le

2

plus d'importance, et qui exige de hautes connaissances médicales et psychologiques (1). Si par suite l'établissement prenait, comme il y a lieu de le croire, une extension telle que le médecin en chef eût un travail au-dessus de ses forces, il serait préférable de lui donner un médecin-adjoint qu'un directeur étranger à l'art de guérir. En attendant, on devra placer sous ses ordres un ou deux élèves internes qui le seconderont dans ses fonctions.

Si au médecin doit être réservée la direction suprême de tout ce qui intéresse spécialement les malades, s'il est revêtu d'un si grand pouvoir, il doit concevoir toute la responsabilité qui pèse sur lui, et comprendre toute l'étendue de ses devoirs.

Quant aux qualités que l'on exige d'un médecin d'aliénés, je laisserai parler les illustres maîtres qui ont écrit sur ce sujet :

« Le docteur Ellis recommande de confier de si hau-
» tes fonctions à un homme marié, d'un âge mûr, d'ex-
» périence, et d'une probité reconnue. Tous veulent
» qu'outre ses connaissances spéciales des affections
» mentales, le médecin-directeur soit instruit non seu-
» lement dans les autres branches de son art, mais

(1) Pinel se plaint en ces termes du directeur de Charenton qui n'était pas médecin, et qui était sans cesse en opposition avec le médecin en chef, M. Royer-Collard. Le directeur, dit Pinel, s'était érigé en surveillant général des malades, il dirigeait la police intérieure, accordait les récompenses et les permissions de sortie, il infligeait les punitions, etc. Cette lutte déplorable fut signalée par Pinel comme une des circonstances les plus funestes dans une maison d'aliénés dans laquelle, plus que dans tout autre établissement, l'harmonie entre l'administrateur et le chef du service de santé est de première nécessité.

PINEL. (*Traité médico-philosophique de l'aliénation.*)

» encore en littérature (1). » Il devra aussi être chirur-
gien. En effet, les aliénés étant comme les autres
hommes exposés à des maladies étrangères à la folie,
ils ont besoin de secours de tous genres. Le médecin
doit être doué d'un caractère doux, bienveillant, sans
toutefois que cela nuise à sa fermeté. Il doit être toujours réservé et maître de lui-même. Il ne faut pas qu'il
oublie que la médecine doit être considérée comme un
sacerdoce qui demande à être rempli consciencieuse-
ment. Chargé pour ainsi dire de tous les détails de la
maison, il faut qu'il soit résident à l'établissement, et
qu'il renonce à toute clientelle extérieure, ce qui fait
sentir encore davantage la nécessité de confier l'établissement à un médecin depuis longtemps prati-
cien (2).

(1) Un aliéné qui a reçu de l'éducation aimera, dans ses moments lu-
cides, à s'entretenir de sciences et d'arts avec le médecin. Si celui-ci ne
peut soutenir avec avantage la conversation, il perdra de son influence
morale près de son malade. Un aliéné illettré vénérera celui dont il recon-
naîtra la supériorité et le savoir, et il lui obéira plus aisément.

(2) Pour donner une idée de l'intérieur d'un établissement d'aliénés
et des importantes fonctions que le médecin doit y remplir, je transcris en
entier le tableau frappant et plein de vérité que M. Esquirol donne d'une
maison de fous :

« Que de méditations pour le philosophe qui, se dérobant au tumulte du
monde, parcourt une maison d'aliénés ! Il y retrouve les mêmes idées, les
mêmes erreurs, les mêmes passions, les mêmes infortunes : c'est le même
monde ; mais, dans une semblable maison, les traits sont plus forts, les
nuances plus marquées, les couleurs plus vives, les effets plus heurtés,
parce que l'homme s'y montre dans toute sa nudité, parce qu'il ne dissi-
mule pas sa pensée, parce qu'il ne cache pas ses défauts, parce qu'il ne
prête point à ses passions le charme qui séduit, ni à ses vices les apparences
qui trompent.

» Chaque maison de fous a ses dieux, ses prêtres, ses fidèles, ses fanati-
ques : elle a aussi ses empereurs, ses rois, ses ministres, ses courtisans,

Je m'abstiendrai ici de faire mention des obligations légales imposées aux médecins qui dirigent les asiles

ses riches, ses généraux, ses soldats, et un peuple qui obéit. L'un se croit inspiré de Dieu et en communication avec l'esprit céleste; il est chargé de convertir la terre, tandis que l'autre, possédé du démon, livré à tous les tourments de l'enfer, gémit, se désespère, maudit le ciel, la terre et sa propre existence. L'un, audacieux et téméraire, commande à l'univers et fait la guerre aux quatre parties du monde, qu'il a soumises à ses lois, ou qu'il a délivrées des chaînes du despotisme. L'autre, fier du nom qu'il s'est donné, dédaigne ses compagnons d'infortune, vit seul, à l'écart, et conserve un sérieux aussi triste qu'il est vain. Celui-ci, dans son ridicule orgueil, croit posséder la science de Newton, l'éloquence de Bossuet, et exige qu'on applaudisse aux productions de son génie, qu'il débite avec une prétention et une assurance comiques. Celui-là ne bouge point, ne fait pas le moindre mouvement; toujours à la même place, dans la même position, il ne profère pas un mot; on le prendrait pour une statue; il vit tout en dedans, son inaction le tue. Desséché par les remords, son voisin traîne les faibles restes d'une vie qui se soutient à peine, et se fait les plus sanglants reproches; il se maudit lui-même, il invoque la mort, comme le terme aux maux qui le déchirent. Près de lui, cet homme qui nous paraît heureux et jouissant de toute sa raison, calcule l'instant de sa dernière heure avec un sang-froid épouvantable; il prépare avec calme et même avec joie les moyens de cesser de vivre. Ce malheureux, jour et nuit, a l'œil et l'oreille aux aguets : l'obscurité, la lumière, le silence, le bruit, le mouvement, le repos, tout l'épouvante, le terrifie; il a peur de lui-même. Que de terreurs imaginaires dévorent les jours et les nuits de ce lypémaniaque! Eloignons-nous, tout fait sur celui-ci une impression douloureuse qui l'inquiète, l'agite, l'exaspère, le rend furieux, il se croit trahi, persécuté, déshonoré; le besoin de soupçonner et de haïr lui fait voir des ennemis partout : dans sa vengeance effrénée, il n'épargne personne. Celui-là, jouet de l'égarement de sa sensibilité et de l'exaltation de son imagination qui l'irritent, est dans un état habituel de colère, il brise, détruit, casse, déchire tout ce qui tombe sous sa main; il crie, menace, frappe, alléguant toujours un motif pour justifier l'épouvantable désordre de ses actions. Celui que vous voyez renfermé est un fanatique qui vocifère, blasphème, et condamne aux feux de l'enfer; il prétend convertir les hommes : c'est par le baptême de sang qu'il veut les purifier, déjà il a sacrifié deux de ses enfants.

»Cet insensé, dans l'explosion bruyante de son délire, est d'une pétulance incoercible; il semble prêt à commettre les plus grands désordres, d'aliénés, attendu qu'elles se trouvent dans la loi de 1838 et dans l'ordonnance d'exécution de 1839. *(Voir cette loi à la fin de la brochure.)*

DES SURVEILLANTS ET DES SURVEILLANTES.

Dans plusieurs établissements de France des religieuses sont chargées de présider au service que récla-

mais il ne nuit à personne. A voir l'activité empressée de celui-ci, vous croiriez que quelque grand intérêt l'anime, que sa destinée dépend de ses démarches; dans l'irrégularité de ses mouvements, il choque, il heurte tout ce qui l'entoure, il renverse tout ce qu'il rencontre; il vous poursuit et vous obsède de son babil intarissable, et, malgré ce torrent de paroles, il ne dit rien, il ne pense à rien. Cet autre, transporté d'aise, passe sa vie à se réjouir, il rit sans cesse aux éclats; cependant qui peut exciter sa joie, que peut-il espérer? Il n'a aucun souvenir de la veille, aucun désir pour le lendemain. Ainsi, dans une maison de fous, se font en même temps entendre les cris de la joie mêlés à ceux de la douleur, l'expression de l'allégresse à côté des gémissements et du désespoir; on voit le contentement des uns et les larmes des autres. Dans une maison de fous, les liens sociaux sont brisés; les habitudes sont changées, les amitiés cessent, la confiance est détruite : on agit sans bienséance, on nuit sans haïr, on obéit par crainte; chacun a ses idées, ses affections, son langage; n'ayant aucune communauté de pensées, chacun vit seul et pour soi; l'égoïsme isole tout. Le langage est outré, faux, désordonné, comme les pensées et les passions qu'il exprime. Un pareil asile n'est pas exempt de crime : on dénonce, on calomnie, on conspire; on se livre au plus stupide libertinage, on viole, on vole, on assassine; le fils maudit son père, la mère égorge ses enfants.

»Si nous pénétrons plus loin, nous voyons l'homme, descendu du haut rang qui le place à la tête de la création, dépouillé de ses priviléges, privé de son plus noble caractère, réduit à la condition des plus stupides et des plus viles créatures. Il ne pense pas; non seulement il n'a pas d'idées, ni de passions, il n'a même pas les déterminations de l'instinct. Ne pouvant pourvoir à sa subsistance, il n'est pas capable d'approcher de ses lèvres les aliments que la tendresse ou la bienfaisance lui présentent; il se roule sur son propre fumier; il reste exposé à toutes les influences extérieures et destructives; rarement il reconnaît son semblable; il n'a plus le sentiment de sa propre existence.

ment les aliénés, de diriger les soins qui leur sont dus, de veiller au maintien de l'ordre, de la propreté ; de surveiller tout ce qui est relatif à la distribution du linge, des vêtements. Quand il n'y a pas de pharmacien elles s'occupent de la pharmacie, enfin de tout ce qui regarde le ménage de la maison ; et c'est justice de dire qu'elles remplissent leurs fonctions avec un zèle au-dessus de tout éloge.

Toutefois, je ne suis nullement partisan de confier la direction de l'asile de Sainte-Gemmes à une communauté d'hommes ou de femmes (1). Il serait à craindre que l'administration ne pût maintenir entièrement

» Dans cet amas d'ennemis qui ne savent que s'éviter ou se nuire, que d'application, que de dévouement, que de zèle ne faut-il pas pour démêler la cause et le principe de tant de désordres, pour ramener à la raison ces intelligences tant bouleversées, pour conjurer tant de passions diverses, pour concilier tant d'intérêts opposés, enfin pour rendre l'homme à lui-même ! Il faut corriger et redresser l'un, animer et soutenir l'autre, frapper l'esprit de celui-ci, aller jusqu'au cœur de celui-là : l'un veut être conduit par la crainte, l'autre par la douceur, tous par l'espérance ; et cependant celui qui se dévoue ainsi ne peut se promettre que le bien qu'il fait.

» Que peut espérer un médecin qui a toujours tort quand il ne réussit pas, qui a rarement raison quand il a du succès, et qui est poursuivi par les préjugés, même dans le bien qu'il a obtenu ? »

(Esquirol, maladies mentales, tome Ier.)

(1) En 1824 on exécuta à Nantes les constructions d'un quartier isolé par petits dortoirs pour les femmes aliénées. On y installa des réfectoires communs. Cet essai, défectueux sous beaucoup de rapports, eut un certain succès, et l'on se disposait à monter un service pour les aliénés, quand la tentative infructueuse des frères de Saint-Jean-de-Dieu, à Saint-Jacques, et leur retraite presque inopinée, suite de leur insuccès, donnèrent l'idée de la fondation du nouvel Hôpital-Général.

(Statistique des aliénés de Nantes, par M. Bouchet, médecin en chef.)

sous sa dépendance un ordre religieux, et que le médecin ne pût s'entendre avec lui pour tout ce qui concerne le bien du service : de là un défaut d'union qui serait très préjudiciable. Les ordres religieux ont leurs statuts qui ne s'accordent pas toujours avec les règlements administratifs. Il faut, comme le remarque M. Ferrus, que le département reste maître de son établissement; et j'ajoute : Il faut que l'administration se réserve le droit de renvoyer, d'admonester tous les employés, quels que soient leur grade, leur position, s'ils viennent à manquer à leurs devoirs et aux règlements de la maison.

S'il y a des inconvénients à placer des corporations à la tête des établissements d'aliénés, il n'en est pas de même des religieuses qui, détachées de leurs congrégations, viennent remplir dans les asiles les fonctions de surveillantes. Elles sont de beaucoup préférables aux femmes du monde. Dans les asiles, elles n'ont point à s'occuper exclusivement d'une foule de pratiques de piété qui sont en usage dans l'intérieur des couvents, qui seraient nuisibles dans un établissement d'aliénés, et encore plus peut-être dans celui de Maine et Loire, attendu que dans ce département l'éducation n'ayant pas encore pénétré partout, la religion est souvent peu éclairée, mal comprise, et dénaturée par la superstition. Aussi remarque-t-on la fréquence de la théomanie (*folie religieuse*) (1).

La religion, dans un établissement d'aliénés, principalement, doit s'exercer avec modération, sans austé-

(1) Le docteur Bouchet, qui reçoit dans son établissement des aliénés du département de Maine et Loire, a fait la même observation.

rité ; elle doit être toute persuasive. C'est ainsi qu'elle fait du bien, et jamais de mal.

Dans les congrégations on peut rencontrer des religieuses instruites, dévouées, qui apprécient toute l'importance de la mission qui leur est confiée. Du reste il n'en est pas besoin d'un grand nombre. Au Mans (ce sont des sœurs d'Evron, département de la Sarthe), il n'y en a que trois ou quatre pour 250 aliénés environ. A Nantes (ce sont des sœurs hospitalieres de Saint-Laurent), il n'y en a que six pour la division des aliénés. Leur traitement est peu considérable.

S'il existait des communautés d'hommes dans lesquelles on pût choisir des surveillants, on devrait les préférer à des laïques. N'ayant point à s'occuper des intérêts de ce monde, pouvant posséder de l'instruction et se conformer aux règles de l'établissement, les religieux feraient pour les aliénés de très bons surveillants ; mais, comme je ne pense pas qu'il existe des congrégations d'hommes de ce genre, il faudra bien avoir recours à des laïques (1). On doit

(1) Le docteur Bouchet, auquel je parlais dernièrement (21 juillet) des religieux pour remplir les fonctions de surveillants, m'a dit qu'on en trouverait aisément, que lui-même avait eu sous sa direction quelques frères précisément de l'ordre de Saint-Jean-de-Dieu, mais qu'on n'en avait pas été très-satisfait. Outre le peu d'instruction de ceux qui étaient à l'asile (à cet égard on pourrait choisir des frères instruits), ils étaient souvent en opposition avec les sœurs hospitalières. De sorte qu'ils furent bientôt obligés de cesser leur service et de s'en aller. M. Bouchet pense que deux ordres religieux dans une maison ne peuvent que difficilement s'accorder : cette observation, à laquelle je ne songeais pas, pourrait bien être fondée. A Dinan (Côtes-du-Nord), les frères Saint-Jean-de-Dieu ont fait élever un superbe édifice. Le docteur Bouchet, qui a visité cet établissement, m'a assuré que les frères s'occupaient presque exclusivement de faire travailler les aliénés. Moyen de traitement sans doute très-conve-

exiger des surveillants qu'ils aient reçu quelque éducation, leurs fonctions sont très importantes. Outre qu'ils ont sous leur inspection les domestiques, ils ont aussi à veiller au maintien de l'ordre, de la propreté, etc. Ils doivent accompagner les aliénés à leurs travaux, les surveiller et mettre à exécution les prescriptions du médecin. Un surveillant en chef, et deux surveillants sous ses ordres seraient, je crois, un nombre suffisant.

DE L'ÉCONOME.

L'économe qui peut être en même temps receveur, comme cela a lieu à l'asile de la Sarthe, est chargé généralement de la comptabilité, de pourvoir l'établissement de tous les objets et de toutes les denrées nécessaires à son service. Ses autres attributions sont très nombreuses, et il serait trop long de les énumérer ici. Elles font partie du règlement des asiles ; seulement j'aurai une observation à faire qui regarde cet agent comptable : Il arrive que dans les asiles on reçoit des aliénés curables ou incurables qui à leur entrée sont vraiment indigents et doivent être reçus comme tels ; mais si par suite un aliéné pauvre venait à recueillir une succession assez importante pour changer sa position pécuniaire, alors il serait juste de lui faire payer une pension. C'est au receveur économe à veiller aux

nable pour obtenir des guérisons, mais qui ne peut être exclusif. Un médecin, M. Bodinier, chargé seulement de soigner les maladies étrangères à l'aliénation, est attaché à l'établissement. Suivant la remarque de M. Ferrus, les religieux recueillent les bénéfices de leurs travaux, et cherchent naturellement à les augmenter en occupant leurs aliénés.

(Rapport au conseil-général, 1841.)

intérêts de l'asile et à prendre des informations près de qui de droit, afin que les familles, si disposées quelquefois à l'indifférence pour leurs proches qui ont eu le malheur de perdre la raison, ne profitent pas de l'avoir des aliénés placés gratuitement dans l'asile.

DE L'AUMONIER.

J'ai déjà parlé de sa convenance dans un établissement. La religion, sous la direction d'un ecclésiastique prudent, donne à la pensée et aux affections une énergique impression qui peut être très utile à certains malades.

DES INFIRMIERS.

Dans une maison d'aliénés, des domestiques qui conçoivent parfaitement leurs devoirs sont très difficiles à rencontrer.

La surveillance des gens de service a été pour moi souvent plus pénible que celle des malades. Il est peu aisé de faire comprendre à des gens sans éducation qu'ils doivent traiter les infortunés privés de la raison avec douceur, avec bienveillance, ne répondre à leurs menaces, à leurs voies de fait même qu'avec sang-froid, et n'employer vis-à-vis d'eux que des moyens de répression en usage dans les établissements, jamais sans les ordres des surveillants ou du médecin. Les aliénés en général sont timides, et on leur impose facilement avec de la fermeté et un peu d'adresse. Il est aussi assez difficile de maintenir la bonne intelligence entre de nombreux domestiques. Ils sont fréquemment en querelle sans avoir égard à la présence des aliénés. Jaloux les uns des autres, ils sont presque continuellement à faire des rapports vrais ou faux sur leurs camarades. Le personnel des serviteurs exigera donc une grande surveillance.

Les administrations accordent un infirmier pour dix aliénés. A Nantes il y en a un pour douze, et je crois ce nombre suffisant, d'autant plus qu'ils se font aider par des aliénés tranquilles ou convalescents.

A Nantes encore et à Charenton chaque domestique a un livret imprimé dans lequel ses devoirs sont exactement tracés : c'est un exellent moyen d'ordre dont je conseillerais l'emploi à Sainte-Gemmes. Il faut le dire, en général dans les établissements d'aliénés les domestiques ne sont pas assez salariés. Il serait utile de les intéresser à leur service non seulement par des gages un peu élevés, mais encore par des primes pour ceux qui s'en rendraient dignes par leur bonne conduite, leur zèle et leur intelligence.

Outre les infirmiers et infirmières, il faudra un concierge, des employés à la cuisine, à la lingerie, à la buanderie, au jardin, etc. Leurs fonctions pourront être encore allégées par les aliénés.

Je ne fais pas mention à dessein des gens de service qui seront attachés au pensionnat. Leur nombre variera suivant les classes de pensions et le besoin des malades.

DE LA COMMISSION ADMINISTRATIVE.

La commission, dans tous les établissements, est placée sous la direction du préfet. Elle est chargée de

l'administration suprême de l'asile, et de la haute surveillance de tout le service (1).

DES DÉPENSES DE L'ÉTABLISSEMENT.

Dans un établissement consacré aux maladies mentales, il ne faut pas autant considérer les dépenses de
l'entreprise que les avantages que l'on peut en retirer
par suite.

Or, si la création d'un établissement d'aliénés à
Sainte-Gemmes exige d'abord une assez grande mise
de fonds, lorsqu'il sera entièrement organisé, qu'il
sera peuplé de pensionnaires et d'indigents que l'on
fera travailler, il offrira, on doit l'espérer, de lucratives
ressources dont je parlerai bientôt.

Après les frais de construction, ce qui coûtera le plus
sera sans contredit le matériel de la maison. La literie
seule est estimée par M. Ferrus à vingt mille francs
pour 100 aliénés, par conséquent pour 400 aliénés
quatre-vingt mille francs.

On porte en général la dépense journalière d'un

(1) Voir pour les autres attributions de la commission administrative
l'ordonnance du roi du 18 décembre 1839, et la loi sur les aliénés. C'est
selon moi à l'administration qu'appartient, dans la véritable acception
du mot, la direction des asiles.

A Nantes, et dans d'autres établissements de France, il n'y a pas de
directeur spécial. Les administrateurs s'occupent de veiller à l'exécution
du règlement et au bon ordre de l'établissement; ils doivent l'inspecter
le plus souvent possible.

L'asile de la Sarthe, d'après l'article 12 de son règlement, est visité au
moins trois fois par semaine par les membres de la commission administrative, qui font ses visites à tour de rôle. Indépendamment de ces visites,
chacun des membres de la commission peut en faire d'extraordinaires,
quand il le juge convenable au bien du service.

aliéné à un franc pour l'aliéné paisible , à un franc quinze centimes pour l'aliéné agité.

Je crois que dans notre département, où les vivres ne sont pas très chers, on pourrait fixer la journée à un franc pour tous. En l'abaissant davantage il y aurait lieu de craindre que ce ne fût aux dépens du bien-être des malades.

Je joins ici les tableaux des appointements et gages des employés dans les asiles de la Sarthe, de la Seine-Inférieure et de la Loire-Inferieure. Ils pourront être utiles quand on fera le règlement du personnel de Sainte-Gemmes.

ASILE DE LA SARTHE AU MANS.

Population des aliénés au 31 décembre 1838.

Hommes	61
Femmes	72
TOTAL.	133

EMPLOYÉS.

1. Receveur économe	2,000 f.
2 Médecin en chef	2,400
3. Élève interne	400
4. Chapelain	300
5. Supérieure des sœurs	250
6. Chaque sœur	200
7. Portier	600
8. Chaque infirmier	240
9. Chaque infirmière	180
À reporter.	6,570 f.

Report.	6,570 f.
10. Jardinier	200
11. Cuisinière	150
12. Lingère	150
13. Buandière (1)	100
TOTAL . . .	7,170 f.

ASILE DE SAINT-YON (SEINE-INFÉRIEURE).

Population au 31 décembre 1834.

Hommes	221
Femmes	234
TOTAL. . . .	455

EMPLOYÉS.

1. Directeur receveur, logé, nourri et chauffé	4,600 f.
2. Médecin logeant en ville	4,600
3. Econome, nourri, logé et chauffé . .	1,500
4. Chapelain, nourri, logé et chauffé . .	500
5. Chaque sœur, nourrie, logée, chauffée .	200
6. Infirmier major, nourri, logé, chauffé .	500
7. Chaque infirmier, logé, nourri, chauffé, habillé.	280
TOTAL. . . .	12,180 f.

(1) Le receveur économe, le médecin, l'élève interne, les sœurs, le portier, ainsi que les autres gens de service sont logés dans l'établissement. Les sœurs, l'élève interne, les infirmiers, infirmières, et les autres gens de service sont seuls nourris, chauffés, éclairés et blanchis aux frais de la maison. Le médecin a la faculté de se livrer à la clientelle en-dehors de l'établissement.

ASILE DE SAINT-JACQUES (LOIRE-INFÉRIEURE).

Population fournie à l'asile par ce département au 1ᵉʳ décembre 1839 (1).

Hommes. 151
Femmes 194

Population fournie par les départements étrangers.

Hommes 26
Femmes 35

TOTAL GÉNÉRAL. . . . 406

Je ne connais point le traitement des principaux employés de l'asile de Nantes. Les gages des infirmiers sont fixés ainsi qu'il suit :

Premier infirmier . . . . 150 f.
Première infirmière 100
Deuxième infirmier 120
Deuxième infirmière. 80

TOTAL. . . . 450 f.

Chaque domestique est en outre logé, nourri et entretenu de vêtements.

Par ces tableaux on peut voir : 1° Que dans l'asile de la Sarthe le traitement des employés est fixé à un taux modéré ; 2° Que dans l'asile de Saint-Yon les ap-

(1) Le nombre des aliénés dans le département de la Loire-Inférieure était en 1836 de 684. La population du département était de 470,768 habitants.

Dans le département de Maine et Loire le nombre des aliénés s'élevait au 31 décembre 1840 à 820. La population du département était en 1837 de 477,270 habitants.

pointements et gages en général sont peut-être un peu élevés ; 3° Que s'il n'y avait pas de directeur, du moins que si cette place était remplie par le médecin, il y aurait, outre les avantages que j'ai signalés, une économie d'argent ; 4° Que dans l'asile de Nantes les gages des domestique sont aussi par trop minimes ; 5° Que le nombre des aliénés du sexe féminin dépasse toujours celui du sexe masculin.

DES RESSOURCES DE L'ÉTABLISSEMENT.

Les pensions et le produit du travail des aliénés contribueront beaucoup à diminuer les charges que le département aura à supporter pour l'entretien de l'asile de Sainte-Gemmes. On doit de plus espérer que par suite cet établissement pourra se suffire à lui-même ; c'est ce qui arrive aujourd'hui à Avignon, à Saint-Mein (Ille-et-Vilaine), à Charenton, et à la maison de fous de Bordeaux.

J'ai déjà dit que le château de Sainte-Gemmes pouvait contenir 40 pensionnaires de première et deuxième classe, les pensionnaires de la quatrième classe seraient réunis aux aliénés placés par le département comme à Nantes et au Mans.

PRIX DES PENSIONS A L'ASILE DE NANTES EN 1839.

Première classe, par an (1) . . . . 1,050 f.
Deuxième classe 650
Troisième classe 420

(1) Présentement le prix de la pension de la première classe a été porté à 1,500 fr. Je crois que le prix des autres classes a aussi été augmenté. Toutes les pensions sont payables par fractions de mois en mois.

PRIX DES PENSIONS A L'ASILE DU MANS EN 1834.

Première classe . . . . 1,200 f.
Avec un domestique particulier, pour un
    homme 1,700
Pour une femme 1,600
Deuxième classe 700
Troisième classe . . . . 400 f.

Les pensionnaires ont en outre à payer un supplément additionnel de cinq pour cent. Plus, à la fin de chaque trimestre, des mémoires ou un abonnement pour le blanchissage, le raccommodage du linge et des vêtements, et pour fournitures extraordinaires.

Je préférerais, afin d'éviter ces mémoires qui augmentent indéfiniment les pensions et mécontentent quelquefois les familles, élever un peu plus le prix, et je crois qu'en le déterminant de la manière suivante l'établissement aurait encore des profits suffisants :

Première classe. . . . . 1,600 f.

Dans cette classe chaque malade aurait un domestique attaché à sa personne, et une chambre particulière.

Deuxième classe . . . . 800 f.

Pour le service de cette classe il y aurait un nombre de domestiques en rapport avec le besoin des malades qui seraient logés dans des chambres contenant plusieurs lits, et dans des cabinets particuliers. La nourriture serait la même pour ces deux classes de pensionnaires.

Troisième classe. . . . . 400 f.

Les aliénés de cette classe étant réunis à ceux du département, leur logement et leur nourriture seraient aussi semblables.

Pour tous les malades, le chauffage, le raccommodage, etc., seraient aux frais de l'établissement. Les vêtements seraient à la charge des familles, qui, en outre, fourniraient un trousseau de linge. Du reste, tous ces effets seraient rendus aux parents à la sortie ou à la mort de l'aliéné.

A l'asile du Mans, les pensions se paient par trimestre et d'avance. Lorsqu'un trimestre est commencé, il n'est rien restitué sur le prix de la pension, quand bien même l'aliéné serait sorti ou décédé avant l'expiration de ce trimestre. Cette disposition est en usage dans les maisons d'éducation, où les parents sont libres de retirer ou de maintenir leurs enfants; mais dans un établissement d'aliénés où les malades sont de droit renvoyés du moment où leur guérison est constatée, il me semble qu'il n'est pas juste de leur faire payer le temps qu'ils n'ont pu passer dans la maison. Cependant, comme à quelques exceptions près il faut au moins trois mois de traitement pour obtenir la guérison d'un aliéné, que les premiers mois de ce traitement sont en général les plus difficiles et les plus dispendieux, autant dans l'intérêt de l'établissement que pour ne pas être soumis aux caprices de quelques parents, qui autrement seraient libres de retirer leurs malades à leur volonté, je crois qu'il serait convenable que le prix du premier trimestre fût acquitté en entier, ensuite de mois en mois; dans tous les cas, toujours d'avance (1).

____

(1) Il serait peut-être plus avantageux, afin de ne pas augmenter le travail de l'agent comptable, d'exiger les pensions par trimestre ; sauf à

En faisant travailler les aliénés, non seulement on met en œuvre un puissant moyen de guérison, mais encore on peut retirer de leurs travaux de grands bénéfices pour l'établissement (1). Indépendamment des occupations auxquelles se livrent habituellement les aliénés dans tous les asiles, à Sainte-Gemmes il pourrait y en avoir de particulières au pays, telles que des instruments de pêche, des cordages, etc.

Il est bien plus facile d'occuper les femmes que les hommes : la confection du linge, tous les travaux d'aiguille, les soins du ménage, de la ferme en ce qui concerne leur sexe, offriront mille moyens de les employer utilement, et d'une manière plus ou moins lucrative.

Comme le nombre des états qui pourront être exercés dans l'établissement devra nécessairement être limité, on sera souvent obligé de faire changer de profession aux aliénés ; ce changement présente bien moins

restituer, après le premier trimestre, les mois que l'aliéné n'aurait pas passés dans la maison. Par exemple, il ne serait fait aucune remise pour un mois commencé.

L'établissement se créerait encore une ressource en traitant à forfait avec les familles qui, désirant ne pas garder chez elles un aliéné incurable ou dangereux, offriraient une somme plus ou moins forte pour s'en débarrasser. Pendant l'existence de l'aliéné cette somme serait placée à intérêt ; à sa mort elle formerait un fonds qui resterait à la maison.

(1) Dans une maison d'aliénés il ne faut pas négliger de retirer bénéfice des plus petits ouvrages. Ils se vendent extrêmement cher par cela même qu'ils ont été faits par des aliénés, et que leur achat est un acte de charité.

Pendant que j'étais élève à l'hospice de Bicêtre, j'ai toujours remarqué que les ouvrages en paille tels que : les boîtes, les étuis, les nécessaires, etc., confectionnés par les détenus et les aliénés, se vendaient aux visiteurs un prix beaucoup au-dessus de leur valeur. On aimait à dire qu'on avait acheté ces objets à Bicêtre.

de difficultés qu'on pourrait le penser. On a même vu des aliénés guéris renoncer à leur ancien métier pour conserver celui qu'ils avaient appris dans l'établissement.

En Angleterre, à l'asile d'Hanwel, les ouvrages confectionnés par les aliénés sont vendus dans un bazar ou expédiés sur commande.

Sur le produit des travaux et des dons faits par des personnes bienfaisantes, un capital est placé à la banque, et les dividendes ont souvent fourni les moyens d'assister fort à-propos des convalescents, et de prévenir, selon toute probabilité, une rechute, en mettant ces malheureux dans une position favorable (1). En effet, on concevra aisément que des aliénés qui ont été dans les asiles l'objet d'une constante sollicitude, ne manquant de rien de ce qui peut contribuer à faire aimer la vie et entretenir la santé, on concevra que ces infortunés une fois sortis de l'établissement, se voyant privés de toutes ressources, seront exposés à la récidive de leur maladie par suite de la misère, d'autant plus que trop souvent leur retour dans leur famille est regardé comme une charge pénible (2).

Rien n'est donc plus humain et plus louable que la

(1) Traité de l'aliénation mentale, par Ellis. Traduction d'Archambault.

(2) Lorsque les pauvres aliénés guéris sont rentrés dans le monde, l'administration pourrait encore exercer sur eux une bienveillante surveillance, en entretenant, soit avec MM. les maires, soit avec MM. les curés, une correspondance. Cette correspondance aurait pour but de s'enquérir de l'état mental des individus qui sont sortis de l'établissement, de savoir si la guérison se soutient, et si ces malheureux ont des moyens d'existence. Ainsi, l'intérêt de l'administration les suivrait jusque dans leurs foyers. Ces vues philanthropiques, je le sais, ne peuvent être réalisées de suite; mais c'est un avenir que déjà on peut préparer par la pensée!...

mesure adoptée chez nos voisins d'outre-mer en faveur des aliénés indigents. On ne saurait trop conseiller d'imiter un pareil exemple. On indemnise bien les pauvres aliénés de leurs travaux, mais cette indemnité est si minime qu'elle peut être à peu près considérée comme nulle. Je citerai l'asile du Mans, où cette indemnité a été fixée à 5 et 10 centimes par jour.

RÉSUMÉ.

La médecine mentale a été longtemps négligée et peu connue, parce qu'autrefois on regardait la folie comme une maladie au-dessus des ressources de l'art. On se contentait de renfermer les aliénés furieux, et on cherchait à les maîtriser par des chaînes ou par des coups.

En 1792, l'illustre Pinel, nommé médecin en chef de l'hospice de Bicêtre, se livre spécialement à l'étude de l'aliénation. Il lui donne une place dans sa Nosographie philosophique, et la range dans la classe des névroses des fonctions cérébrales. Il crée une véritable science et prouve par de nombreux succès qu'on ne doit pas désespérer de la guérison d'une maladie considérée avant lui presque toujours comme incurable, non seulement dans le monde, mais encore par la plupart des médecins.

Depuis, la science des affections mentales a progressé, et de nouveaux progrès lui sont encore réservés.

La sage loi qui oblige tous les départements à s'occuper de ses aliénés, et à créer des établissements pour les recevoir et les traiter, ne contribuera pas peu à augmenter les connaissances que déjà on possède sur les maladies du cerveau. Un vaste champ sera ouvert à l'observation sur ce genre de spécialité (1).

Quelques départements n'ont pas attendu la loi pour venir au secours de leurs aliénés. En 1834 des asiles se sont élevés au Mans, à Nantes, et dans d'autres lieux. Le département de Maine et Loire, qui fournit un si grand nombre d'aliénés, ne pouvait rester longtemps en arrière, et un asile a été projeté dans la propriété de Sainte-Gemmes, à six kilomètres environ de la ville d'Angers.

Honneur à ceux qui ont conçu un si utile projet, et qui s'occupent de le faire réaliser !

Sainte-Gemmes convient à sa nouvelle destination sous bien des rapports, et peut former par la suite un des beaux établissements de France.

En disposant le château pour un pensionnat, en l'isolant autant que possible du reste de l'établissement, on en fera une véritable maison particulière pour les aliénés payants. Alors les familles riches ne craindront pas d'y envoyer leurs malades ; l'amour-propre même des aliénés ne se trouvera pas blessé quand ils s'apercevront que leur habitation provisoire diffère peu de celle qu'ils avaient dans le monde. Il est certain que

---

(1) M. Esquirol n'était pas d'avis de multiplier les asiles. Il en limitait le nombre à vingt pour toute la France, et proposait de les établir près des cours royales. Alors chaque asile, ainsi placé, n'aurait reçu que des aliénés existant dans le ressort de la cour. Chacun des départements pour lesquels l'asile eût été destiné aurait fourni des fonds pour son érection. Ce projet serait impraticable pour le département de Maine et Loire, qui, à lui seul, possède assez d'aliénés pour peupler un grand établissement.

tout ce qui ressemble à un hospice général répugne à beaucoup de personnes, et c'est peut-être un reproche que l'on peut faire à l'asile de Nantes, si bien disposé sous d'autres rapports. Je trouve que les pensionnaires n'y sont pas assez séparés des autres aliénés. A Nantes aussi, comme dans beaucoup d'établissements, l'asile fait partie de l'hospice général; ce qui, outre l'inconvénient de concentrer sur un seul point un très-grand nombre d'individus, lui donne trop de ressemblance avec un hôpital.

A Sainte-Gemmes, la distinction peut être tranchée : les aliénés indigents auront leur division à part. Dans les servitudes du château et dans le parc, il est facile de faire telles distributions ou constructions qui seront jugées convenables. Du reste, M. Ferrus conseille sagement de ne rien précipiter, de marcher pas à pas, à mesure des ressources qu'augmenteront infailliblement les travaux des aliénés. En attendant on peut, comme il le dit encore, disposer à peu de frais le château pour admettre les pensionnaires, et les servitudes pour y placer environ quatre cents aliénés des deux sexes.

Lorsque le personnel de l'établissement sera organisé, à mon tour je donnerai le conseil, avant de commencer aucune construction, d'envoyer dans les principaux asiles du royaume, l'architecte du département, le médecin et un ou deux membres de la commission administrative. Ce voyage aurait pour motif d'examiner ce qu'il y a de mieux dans les établissements visités, afin d'en faire profiter l'asile de Sainte-Gemmes.

On pourrait, selon moi, se contenter de visiter les asiles de Nantes, du Mans et de Rouen. Dans ces superbes établissements, construits récemment ou embellis, on pourrait prendre d'excellents modèles.

Je regarde encore comme nécessaire la présence du médecin à Sainte-Gemmes lorsque l'on s'occupera des constructions, parce que outre les grandes divisions qui se font d'après un plan, il y aura une infinité de détails de distributions, pour lesquels on aura besoin de prendre l'avis du médecin.

C'est ainsi qu'à l'asile de Nantes, le docteur Bouchet, au grand avantage de l'établissement qu'il dirige, assiste de ses conseils l'architecte dans les nombreux travaux qui restent encore à faire à l'asile..

Sans vouloir prétendre donner à l'établissement de Sainte-Gemmes tous les degrés de perfection, ce qui est impossible dans toute institution humaine, on peut, comme je l'ai déjà dit, former un bel établissement, et compter sur sa prospérité, en le soumettant à un bon règlement, en l'administrant avec beaucoup d'ordre, et en ayant un personnel qui puisse bien comprendre ses devoirs et les remplir.

Je termine ici mon travail. Je sais qu'il est incomplet. J'aurais pu lui donner plus d'extension, mais, en l'adressant aux membres du conseil général pour la plupart étrangers à l'art de guérir, j'ai dû le renfermer dans les limites de simples considérations, et de quelques propositions (1).

(1) Dans un autre travail, déjà presque achevé et que je réserve pour la société de médecine d'Angers, je donnerai la statistique médicale de mes aliénés depuis 1829 jusqu'à 1842. Alors je m'occuperai, un peu plus en grand, de tout ce qui est relatif aux maladies mentales, et au traitement physique et moral de la folie.

En émettant des idées et des opinions qui me sont propres, loin de moi d'avoir eu la pensée qu'elles seront toutes admises ou approuvées, je les abandonne pour ce qu'elles valent et rien de plus. Toutefois, je m'estimerai heureux si ce travail peut obtenir l'assentiment de ceux à qui il est principalement destiné.

LOI

SUR LES ALIÉNÉS.

Au palais de Neuilly, le 30 juin 1838.

(Promulguée le 6 juillet 1838.)

LOUIS-PHILIPPE, Roi des Français, à tous présents et à venir, salut.
Nous avons proposé, les chambres ont adopté, nous avons ordonné et ordonnons ce qui suit :

TITRE PREMIER.

DES ÉTABLISSEMENTS D'ALIÉNÉS.

Article premier. Chaque département est tenu d'avoir un établissement public, spécialement destiné à recevoir et soigner les aliénés, ou de traiter, à cet effet, avec un établissement public ou privé, soit de ce département, soit d'un autre département.

Les traités passés avec les établissements publics ou privés devront être approuvés par le ministre de l'intérieur.

Art. 2. Les établissements publics consacrés aux aliénés sont placés sous la direction de l'autorité publique.

Art. 3. Les établissements privés consacrés aux aliénés sont placés sous la surveillance de l'autorité publique.

Art. 4. Le préfet et les personnes spécialement déléguées à cet effet par lui ou par le ministre de l'intérieur, le président du tribunal, le procureur du roi, le juge de paix, le maire de la commune, sont chargés de visiter les établissements publics ou privés consacrés aux aliénés.

Ils recevront les réclamations des personnes qui y seront placées, et prendront, à leur égard, tous renseignements propres à faire connaître leur position.

Les établissements privés seront visités, à des jours indéterminés, une fois au moins chaque trimestre, par le procureur du roi de l'arrondissement. Les établissements publics le seront de la même manière, une fois au moins par semestre.

Art. 5. Nul ne pourra diriger ni former un établissement privé consacré aux aliénés sans l'autorisation du gouvernement.

Les établissements privés consacrés au traitement d'autres maladies ne pourront recevoir les personnes atteintes d'aliénation mentale, à moins qu'elles ne soient placées dans un local entièrement séparé.

Ces établissements devront être, à cet effet, spécialement autorisés par le gouvernement, et seront soumis, en ce qui concerne les aliénés, à toutes les obligations prescrites par la présente loi.

Art. 6. Des règlements d'administration publique détermineront les conditions auxquelles seront accordées les autorisations énoncées en l'article précédent, les cas où elles pourront être retirées, et les obligations auxquelles seront soumis les établissements autorisés.

Art. 7. Les règlements intérieurs des établissements publics, consacrés, en tout ou en partie, au service des aliénés, seront, dans les dispositions relatives à ce service, soumis à l'approbation du ministre de l'intérieur.

TITRE II.

DES PLACEMENTS FAITS DANS LES ÉTABLISSEMENTS D'ALIÉNÉS.

SECTION PREMIÈRE.

DES PLACEMENTS VOLONTAIRES.

Art. 8. Les chefs ou préposés responsables des établissements publics et les directeurs des établissements privés et consacrés aux aliénés ne pourront recevoir une personne atteinte d'aliénation mentale, s'il ne leur est remis :

1º Une demande d'admission contenant les noms, profession, âge et domicile, tant de la personne qui la formera que de celle dont le placement sera réclamé, et l'indication du degré de parenté ou, à défaut, de la nature des relations qui existent entre elles.

La demande sera écrite et signée par celui qui la formera, et, s'il ne sait pas écrire, elle sera reçue par le maire ou le commissaire de police, qui en donnera acte.

Les chefs, préposés ou directeurs, devront s'assurer, sous leur responsabilité, de l'individualité de la personne qui aura formé la demande, lorsque cette demande n'aura pas été reçue par le maire ou le commissaire de police.

Si la demande d'admission est formée par le tuteur d'un interdit, il devra fournir, à l'appui, un extrait du jugement d'interdiction;

2º Un certificat de médecin constatant l'état mental de la personne à placer, et indiquant les particularités de sa maladie et la nécessité de faire traiter la personne désignée dans un établissement d'aliénés, et de l'y tenir renfermée.

Ce certificat ne pourra être admis, s'il a été délivré plus de quinze jours avant sa remise au chef ou directeur, s'il est signé d'un médecin attaché à l'établissement, ou si le médecin signataire est parent ou allié, au second degré inclusivement, des chefs ou propriétaires de l'établissement, ou de la personne qui fera effectuer le placement.

En cas d'urgence, les chefs des établissements publics pourront se dispenser d'exiger le certificat du médecin;

3º Le passeport ou toute autre pièce propre à constater l'individualité de la personne à placer.

Il sera fait mention de toutes les pièces produites dans un bulletin d'entrée, qui sera renvoyé, dans les vingt-quatre heures, avec un certificat du médecin de l'établissement, et la copie de celui ci-dessus mentionné, au préfet de police à

Paris, au préfet ou au sous-préfet dans les communes chefs-lieux de département ou d'arrondissement, et aux maires dans les autres communes. Le sous-préfet, ou le maire, en fera immédiatement l'envoi au préfet.

Art. 9. Si le placement est fait dans un établissement privé, le préfet, dans les trois jours de la réception du bulletin, chargera un ou plusieurs hommes de l'art de visiter la personne désignée dans ce bulletin, à l'effet de constater son état mental et d'en faire rapport sur-le-champ. Il pourra leur adjoindre telle autre personne qu'il désignera.

Art. 10. Dans le même délai, le préfet notifiera administrativement les noms, profession et domicile, tant de la personne placée que de celle qui aura demandé le placement, et les causes du placement, 1º au procureur du roi de l'arrondissement du domicile de la personne placée; 2º au procureur du roi de l'arrondissement de la situation de l'établissement : ces dispositions seront communes aux établissements publics et privés.

Art. 11. Quinze jours après le placement d'une personne dans un établissement public ou privé, il sera adressé au préfet, conformément au dernier paragraphe de l'article 8, un nouveau certificat du médecin de l'établissement; ce certificat confirmera ou rectifiera, s'il y a lieu, les observations contenues dans le premier certificat, en indiquant le retour plus ou moins fréquent des accès ou des actes de démence.

Art. 12. Il y aura, dans chaque établissement, un registre coté et paraphé par le maire, sur lequel seront immédiatement inscrits les noms, profession, âge et domicile des personnes placées dans les établissements, la mention du jugement d'interdiction, si elle a été prononcée, et le nom de leur tuteur; la date de leur placement, les noms, profession et demeure de la personne, parente ou non parente, qui l'aura demandé. Seront également transcrits sur ce registre : 1º le certificat du médecin, joint à la demande d'admission; 2º ceux que le médecin de l'établissement devra adresser à l'autorité, conformément aux articles 8 et 11.

Le médecin sera tenu de consigner sur ce registre, au moins tous les mois, les changements survenus dans l'état mental de chaque malade. Ce registre constatera également les sorties et les décès.

Ce registre sera soumis aux personnes qui, d'après l'article 4, auront le droit de visiter l'établissement, lorsqu'elles se présenteront pour en faire la visite; après l'avoir terminée, elles apposeront sur le registre leur visa, leur signature et leurs observations, s'il y a lieu.

Art. 13. Toute personne placée dans un établissement d'aliénés cessera d'y être retenue aussitôt que les médecins de l'établissement auront déclaré, sur le registre énoncé en l'article précédent, que la guérison est obtenue.

S'il s'agit d'un mineur ou d'un interdit, il sera donné immédiatement avis de la déclaration des médecins aux personnes auxquelles il devra être remis, et au procureur du roi.

Art. 14. Avant même que les médecins aient déclaré la guérison, toute personne placée dans un établissement d'aliénés cessera également d'y être retenue, dès que la sortie sera requise par l'une des personnes ci-après désignées, savoir :

1º Le curateur nommé en exécution de l'article 38 de la présente loi ;

2º L'époux ou l'épouse ;

3º S'il n'y a pas d'époux ou d'épouse, les ascendants ;

4º S'il n'y a pas d'ascendants, les descendants ;

5º La personne qui aura signé la demande d'admission, à moins qu'un parent n'ait déclaré s'opposer à ce qu'elle use de cette faculté sans l'assentiment du conseil de famille ;

6º Toute personne à ce autorisée par le conseil de famille.

S'il résulte d'une opposition notifiée au chef de l'établissement par un ayant-droit qu'il y a dissentiment, soit entre les ascendants, soit entre les descendants, le conseil de famille prononcera.

Néanmoins, si le médecin de l'établissement est d'avis que l'état mental du malade pourrait compromettre l'ordre public ou la sûreté des personnes, il en sera donné préalablement connaissance au maire, qui pourra ordonner immédiatement un sursis provisoire à la sortie, à la charge d'en référer, dans les vingt-quatre heures, au préfet. Ce sursis provisoire cessera de plein droit à l'expiration de la quinzaine, si le préfet n'a pas, dans ce délai, donné d'ordres contraires, conformément à l'art. 21 ci-après. L'ordre du maire sera transcrit sur le registre tenu en exécution de l'article 12.

En cas de minorité ou d'interdiction, le tuteur pourra seul requérir la sortie.

ART. 15. Dans les vingt-quatre heures de la sortie, les chefs, préposés ou directeurs en donneront avis aux fonctionnaires désignés dans le dernier paragraphe de l'art. 8, et leur feront connaître le nom et la résidence des personnes qui auront retiré le malade, son état mental au moment de sa sortie, et, autant que possible, l'indication du lieu où il aura été conduit.

ART. 16. Le préfet pourra toujours ordonner la sortie immédiate des personnes placées volontairement dans les établissements d'aliénés.

ART. 17. En aucun cas l'interdit ne pourra être remis qu'à son tuteur, et le mineur, qu'à ceux sous l'autorité desquels il est placé par la loi.

SECTION II.

DES PLACEMENTS ORDONNÉS PAR L'AUTORITÉ PUBLIQUE.

ART. 18. A Paris, le préfet de police, et, dans les départements, les préfets, ordonneront d'office le placement, dans un établissement d'aliénés, de toute personne interdite ou non interdite, dont l'état d'aliénation compromettrait l'ordre public ou la sûreté des personnes.

Les ordres des préfets seront motivés et devront énoncer les circonstances qui les auront rendus nécessaires. Ces ordres, ainsi que ceux qui seront donnés conformément aux art. 19, 20, 21 et 23, seront inscrits sur un registre semblable à celui qui est prescrit par l'article 12 ci-dessus, dont toutes les dispositions seront applicables aux individus placés d'office.

ART. 19. En cas de danger imminent, attesté par le certificat d'un médecin ou par la notoriété publique, les commissaires de police à Paris, et les maires dans les autres communes, ordonneront, à l'égard des personnes atteintes d'aliénation mentale, toutes les mesures provisoires nécessaires, à la charge d'en référer dans les vingt-quatre heures au préfet, qui statuera sans délai.

ART. 20. Les chefs, directeurs ou préposés responsables des établissements, seront tenus d'adresser aux préfets, dans le premier mois de chaque semestre, un rapport rédigé par le médecin de l'établissement sur l'état de chaque personne qui y sera retenue, sur la nature de sa maladie et les résultats du traitement.

Le préfet prononcera sur chacune individuellement, ordonnera sa maintenue dans l'établissement ou sa sortie.

ART. 21. A l'égard des personnes dont le placement aura été volontaire, et dans le cas où leur état mental pourrait compromettre l'ordre public ou la sûreté des personnes, le préfet pourra, dans les formes tracées par le deuxième paragraphe de l'article 18, décerner un ordre spécial, à l'effet d'empêcher qu'elles ne sortent de l'établissement sans son autorisation, si ce n'est pour être placées dans un autre établissement.

Les chefs, directeurs ou préposés responsables, seront tenus de se conformer à cet ordre.

Art. 22. Les procureurs du roi seront informés de tous les ordres donnés en vertu des articles 18, 19, 20 et 21.

Ces ordres seront notifiés au maire du domicile des personnes soumises au placement, qui en donnera immédiatement avis aux familles.

Il en sera rendu compte au ministre de l'intérieur.

Les diverses notifications prescrites par le présent article seront faites dans les formes et délais énoncés en l'article 10.

Art. 23. Si, dans l'intervalle qui s'écoulera entre les rapports ordonnés par l'article 20, les médecins déclarent, sur le registre tenu en exécution de l'art. 12, que la sortie peut être ordonnée, les chefs, directeurs ou préposés responsables des établissements, seront tenus, sous peine d'être poursuivis conformément à l'article 30 ci-après, d'en référer aussitôt au préfet, qui statuera sans délai.

Art. 24. Les hospices et hôpitaux civils seront tenus de recevoir provisoirement les personnes qui leur seront adressées en vertu des articles 18 et 19, jusqu'à ce qu'elles soient dirigées sur l'établissement spécial destiné à les recevoir, aux termes de l'article 1er, ou pendant le trajet qu'elles feront pour s'y rendre.

Dans toutes les communes où il existe des hospices ou hôpitaux, les aliénés ne pourront être déposés ailleurs que dans ces hospices ou hôpitaux. Dans les lieux où il n'en existe pas, les maires devront pourvoir à leur logement, soit dans une hôtellerie, soit dans un local loué à cet effet.

Dans aucun cas, les aliénés ne pourront être ni conduits avec les condamnés ou les prévenus, ni déposés dans une prison.

Ces dispositions sont applicables à tous les aliénés dirigés par l'administration sur un établissement public ou privé.

SECTION III.

DÉPENSES DU SERVICE DES ALIÉNÉS.

Art. 25. Les aliénés dont le placement aura été ordonné par le préfet, et dont les familles n'auront pas demandé l'admission dans un établissement privés, seront conduits dans l'établissement appartenant au département, ou avec lequel il aura traité.

Les aliénés dont l'état mental ne compromettrait point l'ordre public ou la sûreté des personnes y seront également admis, dans les formes et dans les circonstances et aux conditions qui seront réglées par le conseil général, sur la proposition du préfet, et approuvées par le ministre.

Art. 26. La dépense du transport des personnes dirigées par l'administration sur les établissements d'aliénés sera arrêtée par le préfet sur le mémoire des agents préposés à ce transport.

La dépense de l'entretien, du séjour et du traitement des personnes placées dans les hospices ou établissements publics d'aliénés sera réglée d'après un tarif arrêté par le préfet.

La dépense de l'entretien, du séjour et du traitement des personnes placées par les départements dans les établissements privés sera fixée par les traités passés par le département, conformément à l'article 1er.

Art. 27. Les dépenses énoncées en l'article précédent seront à la charge des personnes placées; à défaut, à la charge de ceux auxquels il peut être demandé des aliments, aux termes des articles 205 et suivants du Code civil.

S'il y a contestation sur l'obligation de fournir des aliments, ou sur leur quotité, il sera statué par le tribunal compétent, à la diligence de l'administrateur désigné en exécution des articles 31 et 32.

Le recouvrement des sommes dues sera poursuivi et opéré à la diligence de l'administration de l'enregistrement et des domaines.

ART. 28. A défaut, ou en cas d'insuffisance des ressources énoncées en l'article précédent, il y sera pourvu sur les centimes affectés, par la loi des finances, aux dépenses ordinaires du département auquel l'aliéné appartient, sans préjudice du concours de la commune du domicile de l'aliéné, d'après les bases proposées par le conseil général sur l'avis du préfet, et approuvées par le gouvernement.

Les hospices seront tenus à une indemnité proportionnée au nombre des aliénés dont le traitement ou l'entretien était à leur charge, et qui seraient placés dans un établissement spécial d'aliénés.

En cas de contestation, il sera statué par le conseil de préfecture.

SECTION IV.

DISPOSITIONS COMMUNES A TOUTES LES PERSONNES PLACÉES DANS LES ÉTABLISSEMENTS D'ALIÉNÉS.

ART. 29. Toute personne placée ou retenue dans un établissement d'aliénés, son tuteur, si elle est mineure, son curateur, tout parent ou ami, pourront, à quelque époque que ce soit, se pourvoir devant le tribunal du lieu de la situation de l'établissement, qui, après les vérifications nécessaires, ordonnera, s'il y a lieu, la sortie immédiate.

Les personnes qui auront demandé le placement, et le procureur du roi, d'office, pourront se pourvoir aux mêmes fins.

Dans le cas d'interdiction, cette demande ne pourra être formée que par le tuteur de l'interdit.

La décision sera rendue, sur simple requête, en chambre du conseil et sans délai ; elle ne sera point motivée.

La requête, le jugement et les autres actes auxquels la réclamation pourrait donner lieu, seront visés pour timbre et enregistrés en débet.

Aucunes requêtes, aucunes réclamations adressées, soit à l'autorité judiciaire, soit à l'autorité administrative, ne pourront être supprimées ou retenues par les chefs d'établissements, sous les peines portées au titre III ci-après.

ART. 30. Les chefs, directeurs ou préposés responsables, ne pourront, sous les peines portées par l'article 120 du Code pénal, retenir une personne placée dans un établissement d'aliénés, dès que sa sortie aura été ordonnée par le préfet, aux termes des articles 16, 20 et 23, ou par le tribunal, aux termes de l'article 29, ni lorsque cette personne se trouvera dans les cas énoncés aux articles 13 et 14.

ART. 31. Les commissions administratives ou de surveillance des hospices ou établissements publics d'aliénés exerceront, à l'égard des personnes non interdites qui y seront placées, les fonctions d'administrateurs provisoires. Elles désigneront un de leurs membres pour les remplir : l'administrateur, ainsi désigné, procédera au recouvrement des sommes dues à la personne placée dans l'établissement, et à l'acquittement de ses dettes ; passera des baux qui ne pourront excéder trois ans, et pourra même, en vertu d'une autorisation spéciale accordée par le président du tribunal civil, faire vendre le mobilier.

Les sommes provenant, soit de la vente, soit des autres recouvrements, seront versées directement dans la caisse de l'établissement, et seront employées, s'il y a lieu, au profit de la personne placée dans l'établissement.

Le cautionnement du receveur sera affecté à la garantie desdits deniers, par privilége aux créances de toute autre nature.

Néanmoins les parents, l'époux ou l'épouse des personnes placées dans des établissements d'aliénés dirigés ou surveillés par des commissions administratives, ces commissions elles-mêmes, ainsi que le procureur du roi, pourront toujours recourir aux dispositions des articles suivants.

Art. 32. Sur la demande des parents, de l'époux ou de l'épouse, sur celle de la commission administrative ou sur la provocation, d'office, du procureur du roi, le tribunal civil du lieu du domicile pourra, conformément à l'article 497 du Code civil, nommer, en chambre du conseil, un administrateur provisoire aux biens de toute personne non interdite placée dans un établissement d'aliénés. Cette nomination n'aura lieu qu'après délibération du conseil de famille, et sur les conclusions du procureur du roi. Elle ne sera pas sujette à l'appel.

Art. 33. Le tribunal, sur la demande de l'administrateur provisoire, ou à la diligence du procureur du roi, désignera un mandataire spécial à l'effet de représenter en justice tout individu non interdit et placé ou retenu dans un établissement d'aliénés, qui serait engagé dans une contestation judiciaire au moment du placement, ou contre lequel une action serait intentée postérieurement.

Le tribunal pourra aussi, dans le cas d'urgence, désigner un mandataire spécial à l'effet d'intenter, au nom des mêmes individus, une action mobilière ou immobilière. L'administrateur provisoire pourra, dans les deux cas, être désigné pour mandataire spécial.

Art. 34. Les dispositions du Code civil, sur les causes qui dispensent de la tutelle, sur les incapacités, les exclusions ou les destitutions des tuteurs, sont applicables aux administrateurs provisoires nommés par le tribunal.

Sur la demande des parties intéressées, ou sur celle du procureur du roi, le jugement qui nommera l'administrateur provisoire pourra en même temps constituer sur ses biens une hypothèque générale ou spéciale, jusqu'a concurrence d'une somme déterminée par ledit jugement.

Le procureur du roi devra, dans le délai de quinzaine, faire inscrire cette hypothèque au bureau de la conservation : elle ne datera que du jour de l'inscription.

Art. 35. Dans le cas où un administrateur provisoire aura été nommé par jugement, les significations à faire à la personne placée dans un établissement d'aliénés seront faites à cet administrateur.

Les significations faites au domicile pourront, suivant les circonstances, être annulées par les tribunaux.

Il n'est point dérogé aux dispositions de l'article 173 du Code de commerce.

Art. 36. A défaut d'administrateur provisoire, le président, à la requête de la partie la plus diligente, commettra un notaire pour représenter les personnes non interdites placées dans les établissements d'aliénés, dans les inventaires, comptes, partages et liquidations dans lesquelles elles seraient intéressées.

Art. 37. Les pouvoirs conférés en vertu des articles précédents cesseront de plein droit dès que la personne placée dans un établissement d'aliénés n'y sera plus retenue.

Les pouvoirs conférés par le tribunal en vertu de l'article 32 cesseront de plein droit à l'expiration d'un délai de trois ans : ils pourront être renouvelés.

Cette disposition n'est pas applicable aux administrateurs provisoires qui seront donnés aux personnes entretenues par l'administration dans des établissements privés.

Art. 38. Sur la demande de l'intéressé, de l'un de ses parents, de l'époux ou de l'épouse, d'un ami, ou sur la provocation d'office du procureur du roi, le tribunal pourra nommer en chambre de conseil, par jugement non susceptible d'appel, en outre de l'administrateur provisoire, un curateur à la personne de tout individu non interdit placé dans un établissement d'aliénés, lequel devra veiller 1° à ce que ses revenus soient employés à adoucir son sort et à accélérer sa guérison ; 2° à ce que ledit individu soit rendu au libre exercice de ses droits aussitôt que sa situation le permettra.

Ce curateur ne pourra pas être choisi parmi les héritiers présomptifs de la personne placée dans un établissement d'aliénés.

ART. 39. Les actes faits par une personne placée dans un établissement d'aliénés, pendant le temps qu'elle y aura été retenue, sans que son interdiction ait été prononcée ni provoquée, pourront être attaqués pour cause de démence, conformément à l'article 1304 du Code civil.

Les dix ans de l'action en nullité courront, à l'égard de la personne retenue qui aura souscrit les actes, à dater de la signification qui lui en aura été faite, ou de la connaissance qu'elle en aura eue après sa sortie définitive de la maison d'aliénés ;

Et, à l'égard de ses héritiers, à dater de la signification qui leur en aura été faite, ou de la connaissance qu'ils en auront eue, depuis la mort de leur auteur.

Lorsque les dix ans auront commencé à courir contre celui-ci, ils continueront de courir contre leurs héritiers.

ART. 40. Le ministère public sera entendu dans toutes les affaires qui intéresseront les personnes placées dans un établissement d'aliénés, lors même qu'elles ne seraient pas interdites.

TITRE III.

DISPOSITIONS GÉNÉRALES.

ART. 41. Les contraventions aux dispositions des articles 5, 8, 11, 12, du second paragraphe de l'article 13 ; des articles 15, 17, 20, 21, et du dernier paragraphe de l'article 29 de la présente loi, et aux règlements rendus en vertu de l'article 6, qui seront commises par les chefs, directeurs ou préposés responsables des établissements publics ou privés d'aliénés, et par les médecins employés dans ces établissements, seront punies d'un emprisonnement de cinq jours à un an, et d'une amende de cinquante francs à trois mille francs, ou de l'une ou de l'autre de ces peines.

Il pourra être fait application de l'article 463 du Code pénal.

La présente loi, discutée, délibérée et adoptée par la Chambre des Pairs et par celle des Députés, et sanctionnée par nous cejourd'hui, sera exécutée comme loi de l'État.

DONNONS EN MANDÉMENT à nos Cours et Tribunaux, Préfets, Corps administratifs et tous autres, que les présentes ils gardent et maintiennent, fassent garder, observer et maintenir, et pour les rendre plus notoires à tous, ils les fassent publier et enregistrer partout où besoin sera ; et, afin que ce soit chose ferme et stable à toujours, nous y avons fait mettre notre sceau.

Fait au palais de Neuilly, le 30° jour du mois de juin, l'an 1838.

Signé LOUIS-PHILIPPE.

Vu et scellé du grand sceau :

Par le Roi :

Le Garde-des-Sceaux de France, Ministre Secrétaire d'État au département de la justice et des cultes,

Le Pair de France, Ministre Secrétaire d'État au département de l'intérieur,

Signé BARTHE.

Signé MONTALIVET.

4

ORDONNANCE DU ROI

RELATIVE

AUX ÉTABLISSEMENTS PUBLICS ET PRIVÉS CONSACRÉS AUX ALIÉNÉS.

Au palais des Tuileries, le 18 décembre 1839.

LOUIS-PHILIPPE, Roi des Français, à tous présents et à venir, salut.

Sur le rapport de notre ministre secrétaire d'état au département de l'intérieur;

Vu la loi du 30 juin juin 1838 sur les aliénés;

Vu notamment l'article 2, ainsi conçu :

« Les établissements publics consacrés aux aliénés sont placés sous la direction » de l'autorité publique, »

Vu l'article 3 de la même loi, qui porte :

« Les établissements privés consacrés aux aliénés sont placés sous la surveil-» lance de l'autorité publique; »

Vu l'article 5 de la même loi, ainsi conçu :

« Nul ne pourra diriger ni former un établissement privé consacré aux aliénés » sans l'autorisation du gouvernement; »

Vu l'article 6 de la même loi, qui porte :

« Des règlements d'administration publique détermineront les conditions aux-» quelles seront accordées les autorisations énoncées dans l'article précédent, les » cas où elles pourront être retirées et les obligations auxquelles seront soumis » les établissements autorisés ; »

Vu l'article 7 de la même loi, qui porte :

« Les règlements intérieurs des établissements publics consacrés, en tout ou » en partie, au service des aliénés, seront dans les dispositions relatives à ce » service, soumis à l'approbation du ministre de l'intérieur. »

Notre conseil d'état entendu, NOUS AVONS ORDONNÉ ET ORDONNONS ce qui suit :

TITRE PREMIER.

DES ÉTABLISSEMENTS PUBLICS CONSACRÉS AUX ALIÉNÉS.

Art. Ier. Les établissements publics consacrés au service des aliénés seront administrés sous l'autorité de notre ministre secrétaire d'état au département de l'intérieur, et des préfets des départements, et sous la surveillance de commissions gratuites, par un directeur responsable, dont les attributions seront ci-après déterminées.

Art. 2. Les commissions de surveillance seront composées de cinq membres nommés par les préfets et renouvelés chaque année par cinquième.

Les membres des commissions de surveillance ne pourront être révoqués que par notre ministre de l'intérieur, sur le rapport du préfet.

Chaque année, après le renouvellement, les commissions nommeront leur président et leur secrétaire.

Art. 3. Les directeurs et les médecins en chef et adjoints seront nommés par notre ministre secrétaire d'état au département de l'intérieur, directement pour la première fois, et, pour les vacances suivantes, sur une liste de trois candidats présentés par les préfets.

Pourront aussi être appelés aux places vacantes, concurremment avec les candidats présentés par les préfets, les directeurs et les médecins en chef ou adjoints, qui auront exercé leurs fonctions pendant trois ans dans d'autres établissements d'aliénés.

Les élèves attachés aux établissements d'aliénés seront nommés pour un temps limité, selon le mode déterminé par le règlement sur le service intérieur de chaque établissement.

Les directeurs, les médecins en chef et les médecins-adjoints ne pourront être révoqués que par notre ministre de l'intérieur sur le rapport des préfets.

Art. 4. Les commissions instituées par l'article 1er, chargées de la surveillance générale de toutes les parties du service des établissements, sont appelées à donner leur avis sur le régime intérieur, sur les budgets et les comptes, sur les actes relatifs à l'administration, tels que le mode de gestion des biens, les projets des travaux, les procès à intenter ou à soutenir, les transactions, les emplois de capitaux, les acquisitions, les emprunts, les ventes ou échanges d'immeubles, les acceptations de legs, de donations, les pensions à accorder, s'il y a lieu, les traités à conclure pour le service des malades.

Art. 5. Les commissions de surveillance se réuniront tous les mois. Elles seront, en outre, convoquées par les préfets ou les sous-préfets toutes les fois que les besoins du service l'exigeront.

Le directeur de l'établissement et le médecin chargé en chef du service médical assisteront aux séances de la commission; leur voix sera seulement consultative.

Néanmoins, le directeur et le médecin en chef devront se retirer de la séance au moment où la commission délibèrera sur les comptes d'administration et sur les rapports qu'elle pourrait avoir à adresser directement au préfet.

Art. 6. Le directeur est chargé de l'administration intérieure de l'établissement et de la gestion de ses biens et revenus.

Il pourvoit, sous les conditions prescrites par la loi, à l'admission et à la sortie des personnes placées dans l'établissement.

Il nomme les préposés de tous les services de l'établissement; il les révoque, s'il y a lieu. Toutefois, les surveillants, les infirmiers et les gardiens devront être agréés par le médecin en chef; celui-ci pourra demander leur révocation au directeur. En cas de dissentiment, le préfet prononcera.

Art. 7. Le directeur est exclusivement chargé de pourvoir à tout ce qui concerne le bon ordre et la police de l'établissement, dans les limites du règlement du service intérieur, qui sera arrêté, en exécution de l'article 7 de la loi du 30 juin 1838, par notre ministre de l'intérieur.

Il résidera dans l'établissement.

Art. 8. Le service médical, en tout ce qui concerne le régime physique et moral, ainsi que la police médicale et personnelle des aliénés, est placé sous l'autorité du médecin, dans les limites du règlement de service intérieur mentionné à l'article précédent.

Les médecins-adjoints, dans les maisons où le règlement intérieur en établira, les élèves, les surveillants, les infirmiers et les gardiens, sont, pour le service médical, sous l'autorité du médecin en chef.

Art. 9. Le médecin en chef remplira les obligations imposées aux médecins par la loi du 30 juin 1838, et délivrera tous certificats relatifs à ses fonctions.

Ces certificats ne pourront être délivrés par le médecin-adjoint qu'en cas d'empêchement constaté du médecien en chef.

En cas d'empêchement constaté du médecin en chef et du médecin-adjoint, le préfet est autorisé à pourvoir provisoirement à leur remplacement.

Art. 10. Le médecin en chef sera tenu de résider dans l'établissement.

Il pourra toutefois être dispensé de cette obligation par une décision spéciale de notre ministre de l'intérieur, pourvu qu'il fasse chaque jour au moins une visite générale des aliénés confiés à ses soins, et qu'en cas d'empêchement il puisse être suppléé par un médecin résidant.

Art. 11. Les commissions administratives des hospices civils, qui ont formé ou qui formeront à l'avenir, dans ces établissements, des quartiers affectés aux aliénés, seront tenus de faire agréer par le préfet un préposé responsable qui sera soumis à toutes les obligations imposées par la loi du 30 juin 1838.

Dans ce cas, il ne sera pas créé de commission de surveillance.

Le règlement intérieur des quartiers consacrés au service des aliénés sera soumis à l'approbation de notre ministre de l'intérieur, conformément à l'article 7 de cette loi.

Art. 12. Il ne pourra être créé, dans les hospices civils, des quartiers affectés aux aliénés, qu'autant qu'il sera justifié que l'organisation de ces quartiers permet de recevoir et de traiter cinquante aliénés au moins.

Quant aux quartiers actuellement existants, où il ne pourrait être traité qu'un nombre moindre d'aliénés, il sera statué sur leur maintien par notre ministre de l'intérieur.

Art. 13. Notre ministre de l'intérieur pourra toujours autoriser, ou même ordonner d'office, la réunion des fonctions de directeur et de médecin.

Art. 14. Le traitement du directeur et du médecin sera déterminé par un arrêté de notre ministre de l'intérieur.

Art. 15. Dans tous les établissements publics où le travail des aliénés sera introduit comme moyen curatif, l'emploi du produit de ce travail sera déterminé par le règlement intérieur de cet établissement.

Art. 16. Les lois et règlements relatifs à l'adminisiration générale des hospices et établissements de bienfaisance, en ce qui concerne notamment l'ordre de leurs services financiers, la surveillance de la gestion du receveur, les formes de la comptabilité, sont applicables aux établissements publics d'aliénés, en tout ce qui n'est pas contraire aux dispositions qui précèdent.

TITRE II.

DES ÉTABLISSEMENTS PRIVÉS CONSACRÉS AUX ALIÉNÉS.

Art. 17. Quiconque voudra former ou diriger un établissement privé destiné au traitement des aliénés, devra en adresser la demande au préfet du département où l'établissement devra être situé.

Art. 18. Il justifiera :

1° Qu'il est majeur et exerçant ses droits civils;

2° Qu'il est de bonnes vie et de mœurs; il produira, à cet effet, un certificat délivré par le maire de la commune ou de chacune des communes où il aura résidé depuis trois ans;

3° Qu'il est docteur en médecine.

Art. 19. Si le requérant n'est pas docteur en médecine, il produira l'engagement d'un médecin qui se chargera du service médical de la maison, et déclarera se soumettre aux obligations spécialement imposées sous ce rapport par les lois et règlements.

Ce médecin devra être agréé par le préfet, qui pourra toujours le révoquer. Toutefois, cette révocation ne sera définitive qu'autant qu'elle aura été approuvée par notre ministre de l'intérieur.

Art. 20. Le requérant indiquera, dans sa demande, le nombre et le sexe des pensionnaires que l'établissement pourra contenir; il en sera fait mention dans l'autorisation.

Art. 21. Il déclarera si l'établissement doit être uniquement affecté aux aliénés, ou s'il recevra d'autres malades. Dans ce dernier cas, il justifiera, par la production du plan de l'établissement, que le local consacré aux aliénés est entièrement séparé de celui qui est affecté au traitement des autres malades.

Art. 22. Il justifiera :

1° Que l'établissement n'offre aucune cause d'insalubrité, tant au dedans qu'au dehors, et qu'il est situé de manière que les aliénés ne soient pas incommodés par un voisinage bruyant ou capable de les agiter;

2° Qu'il peut être alimenté, en tout temps, d'eau de bonne qualité, et en quantité suffisante;

3° Que, par la disposition des localités, il permet de séparer complétement les sexes, l'enfance et l'âge mûr; d'établir un classement régulier entre les convalescents, les malades paisibles et ceux qui sont agités; de séparer également les aliénés épileptiques;

4° Que l'établissement contient des locaux particuliers pour les aliénés atteints de maladies accidentelles, et pour ceux qui ont des habitudes de malpropreté ;

5° Que toutes les précautions ont été prises, soit dans les constructions, soit dans la fixation du nombre des gardiens, pour assurer le service et la surveillance de l'établissement.

Art. 23. Il justifiera également, par la production du règlement intérieur de la maison, que le régime de l'établissement offrira toutes les garanties convenables sous le rapport des bonnes mœurs et de la sûreté des personnes.

Art. 24. Tout directeur d'un établissement privé consacré au traitement des aliénés devra, avant d'entrer en fonctions, fournir un cautionnement dont le montant sera déterminé par l'ordonnance royale d'autorisation.

Art. 25. Le cautionnement sera versé, en espèces, à la caisse des dépôts et consignations, et sera exclusivement destiné à pourvoir, dans les formes et pour les cas déterminés dans l'article suivant, aux besoins des aliénés pensionnaires.

Art. 26. Dans tous les cas où, par une cause quelconque, le service d'un établissement privé, consacré aux aliénés, se trouverait suspendu, le préfet pourra constituer, à l'effet de remplir les fonctions de directeur responsable, un régisseur provisoire entre les mains duquel la caisse des dépôts et consignations, sur les mandats du préfet, versera ce cautionnement, en tout ou en partie, pour l'appliquer au service des aliénés.

Art. 27. Tout directeur d'un établissement privé consacré aux aliénés pourra, à l'avance, faire agréer par l'administration, une personne qui se chargera de le remplacer dans le cas où il viendrait à cesser ses fonctions, par suite de suspension, d'interdiction judiciaire, d'absence, de faillite, de décès, ou pour toute autre cause.

La personne ainsi agréée sera de droit, dans ces divers cas, investie de la gestion provisoire de l'établissement, et soumise, à ce titre, à toutes les obligations du directeur lui-même.

Cette gestion provisoire ne pourra jamais se prolonger au-delà d'un mois sans une autorisation spéciale du préfet.

Art. 28. Dans le cas où le directeur cesserait ses fonctions par une cause quelconque, sans avoir usé de la faculté ci-dessus, ses héritiers ou ayants cause seront tenus de désigner, dans les vingt-quatre heures, la personne qui sera chargée de la régie provisoire de l'établissement et soumise, à ce titre, à toutes les obligations du directeur.

A défaut, le préfet fera lui-même cette désignation.

Les héritiers ou ayants cause du directeur devront, en outre, dans le délai d'un mois, présenter un nouveau directeur pour en remplir définitivement les fonctions.

Si la présentation n'est pas faite dans ce délai, l'ordonnance royale d'autorisation sera rapportée de plein droit, et l'établissement sera fermé.

Art. 29. Lorsque le directeur d'un établissement privé consacré aux aliénés voudra augmenter le nombre des pensionnaires qu'il aura été autorisé à recevoir dans cet établissement, il devra former une demande en autorisation à cet effet, et justifier que les bâtiments primitifs ou ceux additionnels qu'il aura fait construire sont, ainsi que leurs dépendances, convenables et suffisants pour recevoir le nombre déterminé de nouveaux pensionnaires.

L'ordonnance royale qui statuera sur cette demande déterminera l'augmentation proportionnelle que le cautionnement pourra recevoir.

Art. 30. Le directeur de tout établissement privé, consacré aux aliénés, devra résider dans l'établissement.

Le médecin attaché à l'établissement, dans le cas prévu par l'article 19 de la présente ordonnance, sera soumis à la même obligation.

Art. 31. Le retrait de l'autorisation pourra être prononcé, suivant la gravité des circonstances, dans tous les cas d'infraction aux lois et règlements sur la matière, et notamment dans les cas ci-après :

1º Si le directeur est privé de l'exercice de ses droits civils ;

2º S'il reçoit un nombre de pensionnaires supérieur à celui fixé par l'ordonnance d'autorisation ;

3º S'il reçoit des aliénés d'un autre sexe que celui indiqué par cette ordonnance ;

4º S'il reçoit des personnes atteintes de maladies autres que celles qu'il a déclaré vouloir traiter dans l'établissement ;

5º Si les dispositions des lieux sont changées ou modifiées de manière à ce qu'ils cessent d'être propres à leur destination, ou si les précautions prescrites pour la sûreté des personnes ne sont pas constamment observées ;

6º S'il est commis quelque infraction aux dispositions du règlement du service intérieur en ce qui concerne les mœurs ;

7º S'il a été employé à l'égard des aliénés des traitements contraires à l'humanité ;

8º Si le médecin agréé par l'administration est remplacé par un autre médecin, sans qu'elle en ait approuvé le choix ;

9º Si le directeur contrevient aux dispositions de l'article 8 de la loi du 30 juin 1838 ;

10º S'il est frappé d'une condamnation prononcée en exécution de l'article 41 de la même loi.

Art. 32. Pendant l'instruction relative au retrait de l'ordonnance royale d'autorisation, le préfet pourra prononcer la suspension provisoire du directeur, et instituera un régisseur provisoire, conformément à l'article 26.

Art. 33. Il sera statué pour le retrait des autorisations par une ordonnance royale.

DISPOSITIONS GÉNÉRALES.

Art 34. Les établissements publics ou privés, consacrés aux aliénés du sexe masculin ne pourront employer que des hommes pour le service personnel des aliénés.

Des femmes seules seront chargées du service personnel des aliénés dans les établissements destinés aux individus du sexe féminin.

DISPOSITIONS TRANSITOIRES.

Art. 35. Les établissements privés actuellement existants devront, dans les six mois, à dater du jour de la présente ordonnance, se pourvoir en autorisation, dans les formes prescrites par les articles ci-dessus; passé ce délai, lesdits établissements seront fermés.

Art. 36. Notre ministre secrétaire d'état au département de l'intérieur est chargé de l'exécution de la présente ordonnance.

Donné au palais des Tuileries, le 18 décembre 1839.

LOUIS-PHILIPPE.

Par le Roi : *le Ministre Secrétaire d'état au département de l'intérieur,*

Signé : T. Duchatel.

www.ingramcontent.com/pod-product-compliance
Lightning Source LLC
Chambersburg PA
CBHW061217030726
47595CB00004B/1285